Kati Hafemann

Körperbilder und Sport
in der modernen Gesellschaft

Sport als gesellschaftspolitisches
Handlungsfeld der Sozialen Arbeit

I

Bibliografische Information der Deutschen Nationalbibliothek:

Die Deutsche Nationalbibliothek verzeichnet diese Publikation in der Deutschen Nationalbibliografie; detaillierte bibliografische Daten sind im Internet über http://dnb.d-nb.de abrufbar.

Impressum:

Copyright © Science Factory 2019

Ein Imprint der Open Publishing GmbH, München

Druck und Bindung: Books on Demand GmbH, Norderstedt, Germany

Covergestaltung: Open Publishing GmbH

Inhaltsverzeichnis

1 Folgen und Konsequenzen der Modernen Gesellschaft

„Ausgeprägte Organisationskompetenz, [...], selbständige und mitdenkende Arbeitsweise sowie hohe Eigenmotivation, gewinnende Ausstrahlung und Serviceorientierung, Belastbarkeit und Durchsetzungsvermögen, Teamfähigkeit, hohe Flexibilität und Zuverlässigkeit [...]" (Bosch 2018), listet eine Stellenanzeige für eine*n Sekretär*in. „Sie haben eine strukturierte sowie selbstständige und zuverlässige Arbeitsweise. Sie bringen zudem eine ausgeprägte Teamfähigkeit, Belastbarkeit sowie eine Verantwortungsbereitschaft mit [...]" (Bayern 2018), verlangt eine andere Stellenanzeige für eine Fachkraft für Metalltechnik. Was fällt auf? Bei beiden fällt auf, dass diese Anforderungen, die noch neben den rein fachlichen stehen, sehr anspruchsvoll sind. Durchsetzungsvermögen besitzen und teamfähig sein, selbständig arbeiten und jederzeit flexibel sein, all das stellt die Bewerber*innen vor Herausforderungen. Wer diesem Druck permanenten Druck auf der Arbeitswelt nicht standhält, ist raus und ein*e andere* tritt an die Stelle.

Dynamischer Wandel durch Automatisierung und Digitalisierung in der Arbeitswelt, „Flexibilisierung von Ort und Zeit der Leistungserbringung, durch neue Formen der Zusammenarbeit von Mensch und Maschine sowie eine andere Gestaltung von Arbeitsabläufen" (Bundesministerium 2012), fordern den Arbeitnehmer*innen immer mehr ab. Die rein körperliche Beanspruchung nimmt zwar weiterhin ab, aber „zunehmender Termin- und Leistungsdruck, Überforderung durch Arbeitsmenge und hohe Verantwortung sowie häufige Arbeitsunterbrechungen bringen psychische Belastungen hervor, die auch mit Gesundheitsgefährdungen verbunden sein können.", so formuliert es das Bundesministerium für Arbeit und Soziales. (Bundesministerium 2012)

Das Robert-Koch-Institut hat umfangreiche Daten zum Thema Gesundheit gesammelt, ausgewertet und veröffentlicht. Augenmerk soll hier vor allem auf den Zusammenhang zwischen sozioökonomischem Status und Gesundheit gelegt werden. Der sozioökonomische Status setzt sich aus der Bildung, dem Einkommen und der beruflichen Stellung zusammen, je mehr von allem vorhanden ist, desto höher ist der Status einer Person. Analysiert wurden verschiedene Bereiche. Eine wichtige, die Lebensqualität widerspiegelnde Aussage, ist der subjektiv empfundene Gesundheitszustand. „43,5% der Frauen und 36,7% der Männer mit niedrigem Sozialstatus bezeichnen ihren Gesundheitszustand als allenfalls mittelmäßig. Bei Personen mit hohem Sozialstatus trifft dies nur auf 11,8% der Frauen und auf 14,2% der Männer zu", konstatiert das Robert-Koch-Institut. (RKI 2015: 33) Herz-Kreislauf-Erkrankungen sowie Muskel- und Skeletterkrankungen führen die Liste der

Krankheitslast in Deutschland an. Auch hier ist der Zusammenhang zwischen dem sozioökonomischen Status und der Prävalenz der Krankheiten ausgeprägt. Die führenden Risikofaktoren sind neben Tabak- und Alkoholkonsum, körperliche Inaktivität und ungesunde Ernährung. (vgl. RKI 2015: 139) Das Institut erklärt ebenfalls, dass die Ursachen für diese ungleiche Verteilung von Gesundheit hauptsächlich in den sozialen und wirtschaftlichen Rahmenbedingungen liegen und es somit auch eine gesamtgesellschaftliche Aufgabe ist, diese zu verringern. (vgl. RKI 2015: 141)

Die Entwicklung der neuen Medien verzeichnete in den letzten Jahrzehnten rasante Fortschritte. Verbunden damit sind nicht nur Vorteile. 32 Millionen Facebook-Nutzer im September 2018 und 15 Millionen Instagram-Nutzer gibt es allein in Deutschland (vgl. Rising Media 2018). Informationen und Bilder gehen meist unkontrolliert und unreflektiert in kürzester Zeit um die Welt. Und genauso ungefiltert kommen sie beim Empfänger an. Im Zusammenhang mit dem Thema der vorliegenden Arbeit soll es hier hauptsächlich um die Körperbilder gehen. Egal aus welchem Grund diese Bilder veröffentlicht werden, ob es um die soziale Anerkennung geht oder gar darum geht, damit Geld zu verdienen: sie vermitteln ein bestimmtes Bild vom Körper und bedienen und unterfüttern damit einen Teil des herrschenden Körperdiskurses. Die Medien produzieren einen „Körper, dessen Physis vor allem zur öffentlichen Inszenierung und sozialen Positionierung des Subjektes dient [...]" (Klein 2008: 258) Im Moment entspricht dieses Bild, den obigen genannten Anforderungen der Stellenanzeigen ganz gut: sportliche und leistungsstarke Körper, die voller Energie und Motivation stecken. Oft wird dazu noch die Lebensweise präsentiert, gesundes Essen und viel körperliche Aktivität. Es wird außerdem deutlich gemacht, dass diese Art zu leben viel Disziplin erfordert und diejenigen, die sich daranhalten, Spaß und Freude haben. Damit wird gleichzeitig die Botschaft vermittelt, dass jede*r es schaffen könne, es liege also in den eigenen Händen und im eigenen Handeln. Der Druck auf den Einzelnen steigt und gleichzeitig sinkt das eigene Wertigkeitsgefühl, wenn man nicht in der Lage ist, dem medial verbreiteten Bild gerecht zu werden. Das ist die eine Seite der Medaille. Die andere spiegelt folgende Zahlen wieder: 67,1% der Männer und 53% der Frauen, zwischen 18 und 79 Jahren, sind in Deutschland übergewichtig. Die befürwortete Bewegungsempfehlung der WHO erfüllen nur zwei Fünftel der Erwachsenen und ein Viertel der Minderjährigen. Mit sinkendem Sozialstatus sinkt auch die körperliche Aktivität. (vgl. RKI 2015: 189) Erwartet werden leistungsstarke Körper, aber über 50% der erwachsenen Bevölkerung leiden unter Übergewicht und dessen Folgen. Diese Situation wirft Fragen auf.

1.1 Fragestellung und Sozialarbeitsbezug

Wie kommt es zu diesen widersprüchlichen Tatsachen, also dem Bild eines leistungsstarken, immer einsatzbereiten Körpers auf der einen Seite und der Realität vieler übergewichtiger und krankheitsanfälliger Körper auf der anderen Seite? Wo liegen die Ursachen für diese Diskrepanz? Warum sind gerade die Körper der sozial schlechter Gestellten am anfälligsten für Krankheiten? Und was genau könnte die Aufgabe der Sozialen Arbeit, bei der Eindämmung des letztgenannten Problems sein?

Die folgende Arbeit hat zum Ziel erstens aufzuzeigen, dass die oben genannten körperlichen Probleme eine Folge der marktwirtschaftlichen Entwicklung und der daraus resultierenden aktuellen gesellschaftlichen Situation sind. Um diese Analyse mit einer umfassenden Theorie des Körpers zu verbinden, werden die Soziologen Norbert Elias, Michel Foucault und Pierre Bourdieu herangezogen. Nähere Betrachtungen zum Sport und zur Sozialen Arbeit sollen mit den gesellschafts- und sozialpolitischen Erkenntnissen verbunden werden, um das Thema der Arbeit „Sport als gesellschaftspolitisches Handlungsfeld" zu begründen.

Der Körper kann als kleinste Einheit der Gesellschaft bezeichnet werden. Die Körper kommunizieren miteinander, wenn nicht verbal, dann körperlich. Wie Paul Watzlawick bereits sagte: „Man kann nicht nicht kommunizieren." Diese nonverbale Kommunikation findet in der kleinsten Einheit „Bewegung" statt. Oder wie Thomas Alkemeyer feststellt: „Körperbewegungen [können] als die kleinsten Einheiten der sozialwissenschaftlichen Analyse betrachtet werden." (Alkemeyer 2004: 3) Leider war das in der Vergangenheit nur selten der Fall, wie auch Nina Degele festgestellt hat: „Denn Sport erscheint der etablierten Soziologie als zu nebensächlich, der Körper ist in systemtheoretischer Sicht ohnehin Umwelt der Gesellschaft, und beide Themen gelten als zu wenig sozial (relevant)." (Degele 2006: 141) Mit dieser Arbeit soll herausgearbeitet werden, dass der Körper Grundvoraussetzung einer Gesellschaft ist und dass Sport durchaus ein relevantes Handlungsfeld der Sozialen Arbeit ist und entsprechend einer Analyse unterzogen werden sollte.

1.2 Aufbau der Arbeit

Ausgangspunkt der Überlegungen ist eine Definition von Gesellschaft bzw. einer kurzen Erläuterung von Gesellschaftstheorien (Kapitel zwei). Um die Entstehung der oben genannten Probleme nachvollziehen zu können, werden die Zusammenhänge zwischen Wirtschaft, Politik und Gesellschaft erläutert. Damit letztendlich

3

der Sport mit der Sozialen Arbeit verbunden werden kann, muss das „kleinste gemeinsame Vielfache" ermittelt werden, der Körper. Neben Elias' Zivilisationstheorie werden dazu die Theorien Foucaults und Bourdieus erläutert (Kapitel 3). Ihre Theorien werden ausgewählt, weil sie die Rolle des Körpers, als Produzent und Produkt von Gesellschaft verdeutlichen und auch auf das Wechselverhältnis zwischen Körper und Gesellschaft eingehen.

Dass Körper und Sport schon sehr lange eine Rolle für die Menschen spielen, wird in der Darstellung der Sportgeschichte im Kapitel vier deutlich. Daran schließt sich eine Betrachtung zur Bedeutung und Funktion des Sports in der Gesellschaft und für die Gesellschaft an. Wie sich der Sport letztendlich auf den Körper ganzheitlich auswirken kann, wird abschließend beschrieben.

Robert Gugutzer ermöglicht mit dem von ihm entwickelten analytisch-integrativen Rahmen die Wechselbeziehungen und Zusammenhänge zwischen dem Körper sowie den auf ihn einwirkenden und von ihm beeinflussten Dimensionen, zu systematisieren. Sein Konzept wird im fünften Kapitel vorgestellt.

Nach dieser theoretischen Einführung kommt die Soziale Arbeit dazu. Im sechsten Kapitel soll gezeigt werden, dass es durchaus sinnvoll ist, Sport als Handlungsfeld in diese zu integrieren. Im abschließenden siebten Kapitel wird ein Fazit der gewonnenen Kenntnisse gezogen.

1.3 Verwendete Begrifflichkeiten

Zuerst werde ich die verwendeten Begriffen Bewegung, körperliche Aktivität und Sport erläutern. Man unterscheidet die instrumentelle Bedeutung von Bewegung. Sie dient als Medium, um zu einem Ziel zu gelangen. Des Weiteren die Bewegungsbedeutung, das man durch sie etwas wahrnehmen und erfahren kann. Darüber hinaus beschreibt die soziale Bedeutung, dass man durch Bewegung mit anderen Menschen oder zu anderen Menschen kommunizieren bzw. mit ihnen in Beziehung treten kann. Die personale Bedeutung beinhaltet die Selbsterfahrung und Identitätsentwicklung. (Zimmer 2014) Für die Soziale Arbeit sind alle Bedeutungen sehr wichtig und nützlich.

Die körperliche Aktivität ist eine Steigerung der Bewegung. Hier kommt noch ein zusätzlicher Kalorienverbrauch zum Grundumsatz dazu. Eine einheitliche Definition für Sport ist in der Fachliteratur nicht vertreten. Darum sollen die nachfolgend beschriebenen Merkmale dazu dienen, zu erläutern, in welchem Sinne Sport in dieser Ausarbeitung verwendet wird. Zum Sport gehören Regeln. Zum einen

Verhaltensregeln, die eingehalten werden (müssen) und zum Anderen auch Technikregeln, die dazu dienen, den jeweiligen Sport überhaupt ausführen zu können. Beide Male hat es Folgen, wenn die Regeln nicht eingehalten werden. Im Sport geht es nach Leistung bzw. es gibt ein festes Ziel. Das können bestimmte Zeiten sein, die erreicht werden wollen, oder eben der Sieg der Mannschaft.

Eine spezielle Unterscheidung wird hier bewusst vermieden und die Begriffe wurden synonym verwendet. Zum einen sollen die Begriffe nicht eingrenzend wirken. Wie bereits festgestellt, entsteht durch die hohe funktionelle Differenzierung des Sports eine nach Belieben breite Verständnismöglichkeit. Zum anderen kann es sein, dass manche das letzte Mal in der Schulzeit „Sport machen mussten", der pädagogisch nicht sehr wertvoll war, bei dem nur Leistung zählte. Für diese Menschen, die Sport mit negativen Gefühlen assoziieren, sollten die Begriffe Bewegung und körperliche Aktivität verwendet werden, um sie nicht erneut zu verschrecken. Aspekte von Sport beinhalten all diese Möglichkeiten der Auslegung. Sport schließt immer Bewegung mit ein, aber nicht jede Bewegung ist Sport.

2 Das Zusammenspiel von Gesellschaft, Politik und Wirtschaft

2.1 Gesellschaft

Gesellschaft ist ein sehr komplexer Begriff und die Definition gestaltet sich schwierig. Je nachdem, aus welcher Richtung sich dem Thema genähert wurde, fallen die Beschreibungen sehr verschieden aus und werden von anderen Autoren auch sehr unterschiedlich beurteilt. Daher sollen hier einige Blickwinkel und Quellen aufgezeigt werden. Während man „im Alltagsverständnis [...] an konkrete Nationalgesellschaften denkt" (Schimank 2013: 10), ist Niklas Luhmann diese Art der Gleichsetzung zu eng und begrenzend. Er sagt 1973 „Gesellschaft [...] ist das jeweils umfassendste System menschlichen Zusammenlebens. Über weitere einschränkende Merkmale besteht kein Einverständnis." (Luhmann zitiert nach (Schimank 2013: 10)) Schimank erläutert, dass Luhmann Gesellschaft an der Möglichkeit festmache, inwiefern man miteinander kommunizieren könne. Alle, die dies können, gehören „demzufolge zur selben Gesellschaft" (Schimank 2013: 13). In Anbetracht der Globalisierung, so Schimank, handele es sich damit um eine „Weltgesellschaft" (Luhmann zitiert nach (Schimank 2013: 14). Für Schimank selbst lässt sich Gesellschaft zumindest folgendermaßen darstellen:

> „Gesellschaften sind die jeweils größte Art von relativ aus sich heraus reproduktionsfähigen sozialen Gebilden. Hierbei kann Größe schlicht an der Anzahl der dazugehörigen Akteure – oder noch simpler: Menschen – abgelesen werden. In vielen, wenn auch vielleicht nicht in allen Hinsichten fallen so bestimmte Gesellschaften nach wie vor mit Nationen zusammen, was aber auf längere Sicht nicht so bleiben muss."

(Schimank 2013: 15)

Diese Definition von Gesellschaft bildet auch in dieser Arbeit die Grundlage zum Verständnis des Begriffes. Bei allen Definitionen steht eins fest: „Der Mensch ist ein soziales Tier, also auf das Zusammenleben mit anderen angewiesen, was Gesellschaft in einem zunächst offenen Sinn des sozialen Bezugs fundamental nahelegt." (Krossa 2018: 4) Die Strukturen dieses Zusammenlebens veränderten sich im Laufe der Zeit und sind weiterhin dynamisch. Die Entwicklung dieses Gefüges ist nicht dem Zufall überlassen, sondern stellt „ein konturiertes integrales Ordnungsmuster" (Schimank 2013: 15) dar. Schimank erklärt dies anhand von mathematischen Zahlenreihen: Die Ziehung der Lottozahlen ist zufällig, die Zahlen untereinander ergeben keinen Sinn. Man kann nicht nachvollziehen, wie die vorigen Zahlen zustande gekommen sind und man kann nicht vorhersagen, auch nicht vermuten, wie die folgenden Zahlen aussehen werden. Hat man allerdings eine Zahlenreihe, die sich durch eine bestimmte mathematische Formel entwickeln lässt, kann man in der Retrospektive erkennen, wie diese Zahlen entstanden sind und man ist in der Lage die zukünftigen Zahlen zu generieren. (vgl. Schimank 2013: 15f) „Das Bestreben, solche Ordnungsmuster von Gesellschaften zu identifizieren, ist die zentrale Ambition soziologischer Gesellschaftstheorie [...]" (Schimank 2013: 16), fasst er zusammen.

Ein erkanntes bzw. vermeintlich erkanntes Muster, ermöglicht es dann zu eruieren, wie die vorhandene Struktur entstanden ist und welchen Dynamiken sie unterliegt. Im weiteren Verlauf lässt diese Erkenntnis zu, „welche Effekte es auf die Lebenschancen der individuellen Gesellschaftsmitglieder und die gesellschaftliche Integration hat." (Schimank 2013: 18) Der Sinn von Gesellschaftstheorien ist, die Dynamiken, die das Zusammenleben prägen, zu erkennen. Sie sind ein Versuch, sie zu erklären, „um die Wiederholung schlechter Entwicklungen zu vermeiden und gute Entwicklungen befördern zu können." (Schimank 2013: 18f)

Mithilfe von Gesellschaftsanalyse, gesellschaftstheoretischen Instrumenten und Gesellschaftsmodellen werden „drei theoretische Perspektiven in der Soziologie" (Birgit Schäfer-Biermann 2016: 92) unterschieden: die differenzierungstheoretische, die ungleichheitstheoretische und die kulturtheoretische Perspektive. (vgl. Schimank 2013: 34)

Ausgehend von einem „Nebeneinander ungleichartiger Teilsysteme" (Schimank 2013: 38), wie beispielsweise Wirtschaft, Politik, Recht, Militär, Religion, Bildung, und Gesundheit, definieren sich die Differenzierungstheorien. Jedes dieser Teilsysteme handelt nach seinen eigenen Regeln und seinem je eigenen Ziel. Dieses Hauptziel gibt es in keinem anderen Teilsystem. Die handelnden Personen in diesen Systemen wissen somit, welches Verhalten und Handeln lohnenswert ist und welches nicht. (vgl. Schimank 2013: 39)

In den Ungleichheitstheorien geht es darum, dass man Gesellschaft nach „dem Gefälle der sozialen Lagen" (Birgit Schäfer-Biermann 2016:. 93) strukturieren kann. Schimank unterscheidet zwei hauptsächliche „Ungleichheitsdimensionen [...]: zum einen Ungleichheiten unmittelbarer Bedürfnisbefriedigung, zum anderen Ungleichheiten gesellschaftlicher Einflusspotentiale." (Schimank 2013: 77f) Für Schimank stellt sich das Erwerbseinkommen als dominantester Einflussfaktor dar: „Sehr deutlich ist diese überragende Bedeutung des Geldbesitzes bei allen Konsumaktivitäten [...]. Neben dem Konsum sind die Bildungschancen in erheblichem

Maße vom Geldbesitz abhängig [...]." (Schimank 2013: 90) Ein Vertreter, der diese Perspektive ebenfalls unterstützt, ist Pierre Bourdieu, dessen Theorie noch in einem folgenden Kapitel genauer beschrieben wird.

Die Kulturtheorien gehen davon aus, dass die Handlungen der Menschen durch kulturelle Orientierungen so geprägt sind, dass sie die gesellschaftlichen Bedingungen bestimmen. Sie „beschäftigen sich also damit, kulturelle Orientierung zu betrachten und sie als die entscheidenden Faktoren für eine bestimmte gesellschaftliche Ordnung zu analysieren." (Birgit Schäfer-Biermann 2016: 94)

2.2 Die Wirtschaft und die Politik

Es würde den Rahmen dieser Arbeit sprengen, auf die Entstehung und Alternativen der aktuellen Wirtschaftsform in Deutschland einzugehen. Obwohl es durchaus interessant ist und die Entscheidung für die aktuelle Wirtschaftsform begründet. Ihre Funktionsweise soll aber kurz erläutert werden, damit die Entstehung der Problemlage nachvollzogen werden kann. Die grundsätzliche Herausforderung eines jeden Staates, ist die „Befriedigung der nahezu unendlichen privaten und öffentlichen Bedürfnisse" (Weißer 2017: 25), mit den vorhandenen begrenzten Mitteln. Damit ausreichend finanzielle Mittel zur Verfügung stehen, bedarf es einer starken Wirtschaft.

Die freie Marktwirtschaft, wie sie beispielsweise in den USA betrieben wird, berücksichtigt die Frage nach sozialen Sicherungen nicht. Der Staat garantiert den rechtlichen und infrastrukturellen Rahmen, er sorgt dafür, dass eine stabile Währung im Umlauf ist und Frieden im Land herrscht, aus allem Wirtschaftlichen hält er sich heraus. Es herrscht das Leistungsprinzip. Vernachlässigt werden die, die nicht (mehr) leistungsfähig sein können. Vernachlässigt wird auch, wie die ursprüngliche Verteilung der individuellen Ressourcen zustande kam. Durch die freie Marktwirtschaft wird die Ungleichverteilung gefördert, denn wo viel Kapital ist, das refinanziert werden kann, entstehen auch wieder höhere Gewinne. So kommt es, dass die, die viel haben immer, mehr bekommen. (vgl. Martin Pätzold 2018: 31)

Es ist also eine Lösung zu finden, die die sozialen Aspekte bedenkt und berücksichtigt, ohne die notwendigen wirtschaftlichen Bedingungen zu begrenzen. Die soziale Marktwirtschaft bietet diese Möglichkeit, in ihr sind die Grundwerte des wirtschaftlichen Handelns definiert. (vgl. Martin Pätzold 2018: XIII) „Der Staat hat für eine soziale Politik und damit für das Streben nach einem sozialen Gleichgewicht rechtliche, sozialwissenschaftliche (verhaltensorientierte) und finanzwirtschaftliche (fiskalpolitische) Handlungsoptionen." (Martin Pätzold 2018: 41) oder wie es in der Verfassung des Bundeslandes Rheinland-Pfalz in den Artikel 51 und 52 geschrieben steht:

> „Die soziale Marktwirtschaft ist Grundlage der Wirtschaftsordnung. Sie trägt zur Sicherung und Verbesserung der Lebens- und Beschäftigungsbedingungen der Menschen bei, indem sie wirtschaftliche Freiheiten mit sozialem Ausgleich, sozialer Absicherung und dem Schutz der Umwelt verbindet. [...] Die Vertragsfreiheit, die Gewerbefreiheit, die Freiheit der Entwicklung persönlicher Entschlusskraft und die Freiheit selbstständiger Betätigung des einzelnen bleiben in der Wirtschaft enthalten."

(Weißer 2017: 61)

Soweit die ideale Theorie. Durch die fortschreitende Technologisierung und Globalisierung steht auch die Wirtschaft unter Druck. Die Unternehmen müssen im Welthandel mithalten können, bzw. möchte jede Firma auch innerhalb des Landes Marktführer sein. Das wirtschaftliche Prinzip, ein bestimmtes Ergebnis mit immer weniger Aufwand zu erzeugen oder mit demselben Aufwand ein möglichst höheres Ergebnis zu schaffen, nennt sich auch Rationalisierung. (vgl. Bundeszentrale 2018) In diesem Zusammenhang taucht der eher negativ konnotierte Begriff des Neoliberalismus auf. „Verfechter des Neoliberalismus betrachten die Ordnung des freien Marktes moralisch indifferent. Für sie sind der Markt und die Effekte des Konkurrenzkampfes nicht zu moralisieren. Der Markt und seine Akteure orientieren sich ausschließlich an den Kriterien der Kaufkraft und Rentabilität." (Spetsmann-Kunkel 2016: 7)

Gerhard Willke bietet folgende Definition für Neoliberalismus:

> „Neoliberalismus ist Parole und Schimpfwort für ein wirtschaftspolitisches Projekt, das mehr Markt, mehr Wettbewerb und mehr individuelle Freiheit verwirklichen will durch weniger Staat und weniger Regulierung. Die neoklassische Wirtschaftstheorie stützt die Überzeugung vom Markt als effizientem Steuerungs-, Anreiz- und Sanktionsmechanismus. Die liberale Gesellschaftstheorie stützt die Überzeugung, dass eine gute Gesellschaft keine Frage guter Menschen, sondern eine Frage der guten Verfassung ist. Neoliberale Politik war und ist auch eine Reaktion auf regulatorische und wohlfahrtsstaatliche Exzesse, die eine fortschreitende Blockierung der Marktkräfte bewirkt haben. Im Gegenzug geht es um eine Erneuerung der Marktdynamik und um die Stärkung der marktwirtschaftlichen Ordnung."

(Willke 2003: 28)

Die Politik - und im speziellen die Sozialpolitik - hat nun die Aufgabe beiden Systemen gerecht zu werden, ihnen einen Rahmen zu geben und auch Grenzen zu setzen. Für die Wirtschaft müssen demzufolge geschaffen werden, dass diese sich frei entfalten kann, ohne dass die Schere zwischen arm und reich zu sehr auseinanderklafft. Denn das wäre die Folge, würde nur der Markt „regieren". Das soziale Ziel, „[...] den Lebensunterhalt des Einzelnen und/oder seiner Familie sicherzustellen, zugleich auch die Aufgabe, dass die nachfolgende Generation, sich auf deren zukünftige Stellung im gesellschaftlichen Entwicklungsprozess vorzubereiten und dann auch einbringen kann" (Boeckh, et al. 2017: 129), bedeutet, dass das vorhandene Budget aufgeteilt werden muss, zum Ausgleich der sozialen Bedarfe, aber auch für Bildung, Kultur, Infrastruktur, Wissenschaft und Forschung.

> „Dabei ist es von entscheidender Bedeutung, dass der Staat bei der Wahrnehmung seiner Aufgaben sowohl verbindliche Regeln aufstellt und rechtliche Instrumente einsetzt, als auch Anreize schafft, um sozial verantwortliches Handeln zu fördern. In Ergänzung sind verhaltensbeeinflussende Instrumente nicht zu vernachlässigen."

(Martin Pätzold 2018: 44)

Es müssen also auch beide Systeme ihren Teil dazu beitragen. Außerdem kann nicht immer davon ausgegangen werden, dass nur die finanzpolitischen Optionen genutzt werden, sondern auch die sozialwissenschaftlichen Methoden zum Einsatz kommen, um die Möglichkeit zu erhalten Hilfe zur Selbsthilfe zu leisten und nicht nur die Geldspritze anzusetzen.

2.3 Folgen der neoliberalen Entwicklung

Da das Wirtschaftsmodell der Sozialen Marktwirtschaft ein dynamisches System ist, unterliegt es ständigen Veränderungen und Anpassungen. In den letzten Jahren ging es tendenziell in die Richtung des Neoliberalismus. Die „zunehmend neoliberale Ausrichtung der Politik" (Spetsmann-Kunkel 2016: 19) hat entsprechende Auswirkungen. „Dabei folgt der angewandte Neoliberalismus eine politische Praxis, deren Folgen den Zusammenhalt und die Lebensgrundlagen der Gesellschaft bedrohen oder zerstören" (Butterwege, et al. 2008: 47). Die neoliberale Denkrichtung hat dabei die Absicht eine „Verschiebung des Kräfte- und Machtverhältnisses von Markt, Staat und privaten Haushalten zugunsten des Marktes" (Galuske 2002: 144) umzusetzen. Diese Verschiebung manifestiert sich auf vielen Ebenen. Zunehmende Privatisierungen - das bedeutet, der „Staat zieht sich als Akteur aus dem wirtschaftlichen Geschehen zurück und unterwirft immer mehr Felder der bisherigen Staatsaktivitäten den Gesetzen des Marktes bzw. den Interessen von Privateigentümern" (Seithe 2012: 95) - äußern sich beispielsweise im Gesundheitswesen durch nun primär gewinn- und nicht mehr patientenorientiertes Arbeiten. (vgl. Spetsmann-Kunkel 2016: 20) Dadurch erhöht sich beispielsweise die körperliche Belastung der dort Arbeitenden, da immer weniger Pflegepersonal die gleiche Menge an Arbeit bewerkstelligen muss. Es stellen sich Viele die Frage, ob sie diese Art Arbeit mit Menschen so noch ethisch vertreten möchten, ob unter diesen Umständen die Motivation, die diesen helfenden Berufswunsch ausgelöst hat, die physische und psychische Belastung noch tragen kann. Der öffentliche Dienst wird immer mehr in die Hände der Wirtschaft gelegt. Mehr noch, politisch und gesamtgesellschaftlich „bedeutsame Entscheidungen, werden nicht mehr von demokratisch gewählten Personen getroffen, sondern auf private Akteure verschoben [...]." (Spetsmann-Kunkel 2016: 21) Das hat zur Folge, dass die Bevölkerung sich hilflos fühlt und ihre individuelle Macht, z. B. durch Wahlen, nicht mehr geltend machen kann, da dort die Vertreter der Politik und nicht die wirtschaftlichen Unternehmen gewählt werden. Diese gefühlte Ohnmacht führt zu Politikverdrossenheit: „Immer mehr Deutsche glauben, keinen Einfluss darauf zu haben, wie sich die Gesellschaft entwickelt, was mit einem zunehmenden Misstrauen gegenüber der politischen Klasse einhergeht." (Haubl 2017: 85)

Die so entstehende Gesellschaft nennt sich „Leistungsgesellschaft": das ist eine „Gesellschaft, in der jeder aufgrund individueller Eignung, Tüchtigkeit und Fleiß jede Position erreichen könne." (Drechsler, et al. 2003: 610), so die inzwischen allgemeine Annahme und Überzeugung. In einem Refrain einer, -gerade bei Jugendlichen-, beliebten Musikgruppe heißt es: „Erfolg ist kein Glück! Sondern nur das Ergebnis von Blut, Schweiß und Tränen – das Leben zahlt alles mal zurück! Es kommt nur ganz darauf an, was du bist – Schatten oder Licht?" (Diehn 2017 o.S.) Für einige mag dies motivierend wirken, aber andere, die es aufgrund ihrer sozialen Herkunft deutlich schwerer haben, fühlen sich wahrscheinlich nicht so gut, der Schatten zu sein.

Die Fokussierung auf Leistung erhält durch diesen Diskurs immer wieder Futter und kann sich reproduzieren. Was dabei meist nicht beachtet wird, sind Originalität, Phantasie, gesellschaftliche Verantwortung, Glück und Zufall. (vgl. Drechsler, Hilligen, & Neumann 2003: 610) Dieser Leistungsdruck beherrscht bereits die Schulen. Der Abschluss wird zum sozialen Stellungsmaßstab in der Gesellschaft und beeinflusst erheblich die weitere Ausbildungslaufbahn. Der berufliche Erfolg spiegelt vermeintlich den Fleiß und das Können des Einzelnen wieder. Dies führt zu einer anmaßenden Haltung von denen, die ihre berufliche Position ohne offensichtliche Unterstützung von außen erreicht haben, führt zur Enttäuschung bei denjenigen, die ihre individuellen Ziele oder auch gesellschaftliche Erwartungen nicht erfüllen. Sie empfinden dies als persönliches Versagen. (vgl. Drechsler, Hilligen, & Neumann 2003: 610) In Folge dessen treten immer mehr physische und psychische Erkrankungen auf. „Medizinsoziologisch wird vermutet, die weltweite Zunahme von Depressionen sei die Schattenseite eines globalen neoliberalen Gesellschaftswandels." (Haubl 2017: 86) Erklärt wird dies auch durch das geänderte Krankheitsbild. Waren es früher eher Schuldgefühle, die die Patienten plagten, sind es heute eher Versagensgefühle. (vgl. Haubl 2017: 87)

Nicht nur Depressionen und Burn-out sind ein aktuelles Thema. Ralf Gloel erklärt in einem Artikel 1998 im Sozialmagazin, dass Gewalttaten, die von marginalisierten Jugendlichen ausgeführt werden, dazu dienen, wenigstens *einen* Sieg davon zu tragen. Sie fühlen sich als Versager und sind enttäuscht von sich selbst, wenn sie dem Erfolgsdruck nicht standhalten oder nicht die Ressourcen zur Erreichung der inzwischen allgemein gültigen Ziele haben. (Gloel zitiert nach Spetsmann-Kunkel 2016: 9)

Eine weitere Folge der marktdominaten Politik ist die Entstehung einer weiteren „Gesellschaftsform", der „Konsumgesellschaft". Dies ist eine „Gesellschaft, in der die Wünsche der Konsumenten (Verbraucher) [...] weniger von eigenen Bedürfnissen und Interessen bestimmt, sondern durch Massenmedien, Werbung und politische Propaganda künstlich geweckt werden." (Drechsler, et al. 2003: 575) Statussymbole werden nötig und die Steuerung von außen wird größtenteils nicht bemerkt. Das Konsumverhalten wird so geschickt gelenkt. Von Bedeutung ist dabei der enge Zusammenhang mit der sozialen Stellung „Diesem Einfluss der Werbung sind vor allem die weniger gebildeten Schichten ausgesetzt, weil sie keinen genügenden Abstand zu den hohlen Versprechungen haben." (Weißer 2017: 550) Aber auch gebildete Menschen können sich nur schwer bis gar nicht dem Einfluss der Medien und dem herrschenden Diskurs *höher, weiter, schneller* und *schlank, schlau und schön* entziehen.

3 Der Körper als kleinste Einheit der Gesellschaft

„Da soziale Wirklichkeit aus sozialem Handeln resultiert und soziales Handeln immer auch körperliches Handeln ist, tragen körperliche Handlungen und Interaktionen zur Konstruktion sozialer Wirklichkeit bei.", schreibt Gugutzer (Gugutzer 2015: 9) Dieses körperliche Handeln ist abhängig von der kulturellen und gesellschaftlichen Umgebung, in der wir aufwachsen und leben. Sie ist mitbestimmend, ob und wie wir die Möglichkeiten unseres Körpers nutzen, bewerten und beurteilen. (vgl Gugutzer 2015: 7f) In den folgenden Kapiteln soll dargestellt werden, was mit dem Begriff „Körper" gemeint ist, in welcher Art und Weise er für die Soziologie bedeutsam ist. In den Theorien liegt der „Schwerpunkt auf dem Körper als Produkt und als Produzent gesellschaftlicher Wirklichkeit" (Gugutzer 2015: 11).

3.1 Theoretisch-begriffliche Einordnung des „Körpers"

Wie für die meisten Ausdrücke gibt es auch hier für den Begriff „Körper" keine einheitliche und einzig gültige Definition und Bedeutung. Gugutzer beruft sich auf die anthropologische Herangehensweise, diese soll auch in dieser Arbeit genutzt werden. Außerdem wird die Unterscheidung von Körper und Leib genauer betrachtet. Gugutzer nutzt dazu die Arbeiten Helmuth Plessners (1892-1985), besonders das Werk „Die Stufen des Organischen und der Menschen" (Plessner 1975). Hierin beantwortet Plessner die Frage, in „welchem Verhältnis der Mensch zu seinem Körper steht" (Gugutzer 2015: 13), mit: „Der Mensch ist sein Körper, und er hat einen Körper." (Gugutzer 2015: 13) Einerseits ist der Mensch ein Körper, er besteht aus Zellen, hat Arme und hat Beine. Andererseits kann er „sich selbst zum Gegenstand machen" (Gugutzer 2015: 14), er kann sich und sein Handeln betrachten und sich selbst reflektieren. Das Körpersein bekommt man praktisch mit der Geburt mit, man wird mit seinem biologischen Körper geboren. Kontrollieren und lenken kann man ihn aber noch nicht. Das erfolgt über das Lernen kulturspezifischer Körpertechniken im Laufe der Zeit. (vgl. Gugutzer R 2015: 14) „Körpersein und Körperhaben bezeichnen zwei Facetten menschlichen Daseins, die untrennbar miteinander verbunden sind und sich wechselseitig bedingen, wobei ihr Verhältnis zueinander historisch-kulturell variabel ist." (Gugutzer 2015: 13) Es gibt nicht die Wahl zwischen dem einen oder anderen, der Mensch ist immer beides. Diese Unterscheidung Plessners, liefert eine „anthropologische Begründung für die Verschränkung von natürlichem und kulturell geprägtem Körper" (Gugutzer 2015: 15). Die kontrollierten Bewegungsmöglichkeiten des menschlichen Körpers sind nicht angeboren (Erbmotorik), sondern müssen erlernt werden (Erwerbsmotorik). Das bietet die „Chance verfeinerter Kombinationen" (Willems 2008: 51). Der Mensch lernt, was er benötigt, was er sieht und was ihm beigebracht wird. Der soziale und kulturelle Einfluss spielen hier eine sehr große Rolle.

Gugutzer sieht in der Unterscheidung der beiden Begriffe „Leib" und „Körper" sehr viel Potential, das für die Soziologie von Bedeutung sein kann und deshalb nicht vernachlässigt werden sollte. Er betont, dass es sich nur um eine analytische Trennung handelt, im „realen und ungestörten Lebensvollzug sind Leib und Körper immer miteinander verschränkt" (Gugutzer 2002: 124). Einige Unterscheidungskriterien zum besseren Verständnis sollen genannt werden. Leib bezeichnet immer einen lebendigen Körper, wobei der reine Körperbegriff durchaus Unbelebtes beschreiben kann. Das Körperliche kann geteilt werden, das Leibliche, wie z. B. Schmerzen, Wut und Hunger, nicht. Mit Leib ist ein „Zustand eigenleiblichen Befindens gemeint, der gespürt wird" (Gugutzer 2002: 125). Das Kapital in der Nutzung des Leibbegriffs liegt, laut Gugutzer, einmal in der Erweiterung der inhaltlichen Vielfalt und in der Möglichkeit, ein weites empirisches Gebiet zu eröffnen, das „insbesondere für zivilisationskritische Analysen moderner Disziplinierungs- und Rationalisierungsprozesse, Kontroll- und Machtmechanismen genutzt werden kann." (Gugutzer 2015: 19) In diesem Zusammenhang war die Erläuterung der Begrifflichkeiten in dieser Arbeit wichtig, geht es doch auch hier um die eben genannten Prozesse in der Gesellschaft.

3.2 Die Bedeutung des Körpers für die Soziologie

Viele soziologische Abhandlungen, die sich mit dem Körper befassen, beginnen mit der Information, dass die Soziologie sich bisher sehr wenig um körperliche Themen bemüht hat. Wie es dazu kam und warum es sich änderte, soll kurz erläutert werden.

Im 19. Jahrhundert fanden zahlreiche Veränderungen in der Gesellschaft, Politik und Wirtschaft statt. Die Urheber der Soziologie hatten als zentrales Thema die Industrielle Revolution und ihre Auswirkungen auf die Gesellschaft. Die Verbindung Gesellschaft und Individuum wurde dabei eher mit dem Augenmerk auf die Gesellschaft betrachtet. Der Körper wurde dabei nicht beachtet. (vgl. Gugutzer 2015: 24f) „Die Körper der Menschen, die in einer Gesellschaft zusammenlebten, spielten als Erklärung für gesellschaftliche Ordnung letztlich keine Rolle." (Gugutzer 2015: 25) Soziales Handeln wurde nicht mit dem biologischen Körper in Verbindung gebracht. Durch die „Körper-Brille" gelesen, so Gugutzer, findet man in einigen

Klassikern Elemente einer Soziologie des Körpers, aber Priorität war er nicht. (vgl. Gugutzer 2015: 38)

In der Entstehungszeit der Soziologie waren die kulturell-historischen Geschehnisse Grund für die (fast) Abwesenheit des Körpers in den soziologischen Betrachtungen. In der neueren Zeit, das heißt in den letzten drei bis vier Jahrzehnten, war es genauso. Einige soziokulturelle Entwicklungen sorgten dafür, dass die Aufmerksamkeit immer mehr auf den Körper gerichtet wurde. Das waren z. B. mehr Freizeit in der postmodernen Gesellschaft, die unter anderem dazu genutzt wurde, sich körperlich zu betätigen oder sich anderweitig mit seinem Körper zu befassen. (vgl. Gugutzer 2015: 40) Die Entwicklung der Konsumgesellschaft ging mit einem gewissen Körperboom einher. Ein schlanker und sportlicher Körper wird bevorzugt, der in Form gehalten und gepflegt werden muss. Davon profitieren mehrere Industriezweige. Der schöne und erotische Körper wurde immer mehr ins Zentrum der Werbung gerückt. (vgl. Gugutzer 2015: 40f) Die Expansion der Massenmedien fördert die Konsumkultur, die gezeigten Körperbilder aus den Bereichen Sport, Gewalt und Sex faszinieren die Konsumenten. (vgl. Gugutzer 2015: 40) Ebenfalls unterstützt durch die Massenmedien, entwickelte sich ein positives Image der Popkulturen. Als Beispiel kann hier sehr gut der Sport genommen werden. (vgl. Gugutzer 2015: 41f)

> „Sport als popkulturelles gesellschaftliches Phänomen ist sozial legitimiert, was etwa daran erkennbar ist, dass Sportarten wie Boxen, Fußball oder Formel Eins beliebte Gesprächsthemen in allen Bildungsschichten sind. Darüber hinaus ist Sport generell ein stark prosperierendes soziales Teilsystem, wofür am deutlichsten wohl der Boom von Trendsportarten [...] spricht. Ein charakteristisches Merkmal [...] ist, dass sie mehr als Sport, nämlich Lebensstil sind, zu dem die entsprechende Kleidung, Musik und der >richtige< körperliche Habitus und >Style< gehören."

(Gugutzer 2015: 42)

Die bisher genannten Entwicklungen gingen mit einem Wertwandel einher. Waren sie vorher noch an „Pflicht und Leistung orientiert" (Drechsler, et al. 2003: 406) richteten sie sich nun mehr in Richtung Individualität, Emanzipation und Sinnenfreude. (vgl. Drechsler, Hilligen, & Neumann 2003: 406) „Der individualisierte Körper erscheint so vielen als Hoffnungsträger par excellence, um die Chancen einer individualisierten und pluralisierten Lebensführung nutzen und deren Risiken meiden oder bewältigen zu können." (Gugutzer 2015: 43) Eigentlich waren die Frauen die ersten, die den Körper, nämlich ihren eigenen, zum Thema machten. Das Ziel der Frauenbewegung „war und ist die Durchsetzung des Rechts von Frauen auf ihren Körper." (Gugutzer 2015: 43) Eine älterwerdende Bevölkerung und die modernen Zivilisationskrankheiten fokussieren ebenfalls den Körper, ähnlich wie die fortschreitende Entwicklung der Medizin und Biotechnologie. „Künstliche Befruchtung, Präimplantationsdiagnostik, Stammzellentherapie, Organtransplantation, Klonen oder auch Doping haben intensive und kontrovers geführte Diskussionen über die technische Verfügbarkeit des menschlichen Körpers entfacht." (Gugutzer 2015: 45)

Richtungsweisend für den Fokus auf den Körper innerhalb der Soziologie und sehr prägend waren: „Foucaults historische Untersuchungen zur Disziplinierung des Körpers (Foucault 1976) und zur Sexualität (Foucault 1977) einerseits, Bourdieus Ausführungen zum klassenspezifisch geprägten Körper (Bourdieu 1982) sowie sein Habituskonzept (Bourdieu 1970) [...]." (Gugutzer 2015: 50)

3.3 Körpertheorien

„Die Soziologie des Körpers beschäftigt sich mit der wechselseitigen Durchdringung von Körper und Gesellschaft." (Gugutzer 2015: 9) In den folgenden theoretischen Ansätzen wird diese Durchdringung deutlich.

3.3.1 Figurations- und Zivilisationstheorie von Norbert Elias

Norbert Elias` „[...] Interesse gilt dem Werden und Gewordensein im historischen Prozess, [...] insbesondere die Frage nach langfristigen Entwicklungen von Wahrnehmungs-, Verhaltens- und Bewertungsschemata [...]." (Endreß 2018: 32)

Er wollte mit seinen Arbeiten verdeutlichen, dass man „[...] die Entwicklung von Persönlichkeitsstrukturen einerseits und Sozialstrukturen andererseits" (Endreß 2018: 134)nur verstehen kann, wenn man die „[...] Struktur und Dynamik der jeweiligen sozialen Beziehungs- und Handlungsgeflechte" (Endreß 2018: 134) beachtet. Diese Verflechtungskonstellationen nannte er Figurationen. Sie stellen die „Ordnungsformen sozialer Verhältnisse" (Endreß 2018: 134) dar. Dies können unterschiedlichste Sachverhalte sein, z. B. Arbeitsbeziehungen, institutionelle Ordnungen, Normen und Werte, aber auch räumliche und zeitliche Beziehungen wie Nachbarschaft (vgl. Endreß 2018: 134)

Die Dynamik, die diese Figurationen „am Leben hält" ist eine Konkurenzkonstellation, in der es immer um Macht geht. Demzufolge ist bei allen historischen Veränderungsprozessen das Ringen um die Ressource Macht, die treibende Kraft. (vgl. Endreß 2018: 135)

„Im Zentrum der wechselnden Figurationen oder, anders ausgedrückt, des Figurationsprozesses steht ein flukturierendes Spannungsgleichgewicht, das Hin und Her einer Machtbalance, die sich bald mehr der einen, bald mehr der anderen Seite zuneigt. Flukturierende Machtbalancen dieser Art gehören zu den Struktureigentümlichkeiten jedes Figurationsstromes."

(Elias 2014: 155)

Daraus lässt sich ableiten, dass Macht eine Eigenschaft jeder sozialen Beziehung ist. Dem folgt Elias' Auffassung von Gesellschaft.

„Pläne und Handlungen, emotionale und rationale Regungen der einzelnen Menschen greifen beständig freundlich und feindlich ineinander. Diese fundamentale Verflechtung der einzelnen, menschlichen Pläne und Handlungen kann Wandlungen und Gestaltungen herbeiführen, die kein einzelner Mensch geplant oder geschaffen hat.

(Elias 1976)

Das bedeutet, dass sich Gesellschaft dynamisch durch die Handlungen Einzelner und deren beabsichtigten und auch unbeabsichtigten Folgen, immer wieder neu organisiert und entwickelt. Anders ausgedrückt, „[...] sind für ihn analytisch Psychogenese (individuelle Veränderung) und Soziogenese (gesellschaftliche Veränderung) als strukturell notwendig interdependente, also wechselseitig aufeinander bezogene wie voneinander abhängige Prozesse zu begreifen." (Endreß 2018: 137)

Dieses Zusammenwirken von Persönlichkeits- und Sozialstruktur bildet die Grundlage zur Ergründung des Entstehungsprozesses der modernen Gesellschaft. Während dieses Prozesses kam es zur fortschreitenden Disziplinierung des sozialen Verhaltens. Grund dafür waren die Entstehung des staatlichen Gewaltmonopols (vgl. Gugutzer 2015: 55) und einer „sozio - ökonomischen Funktionsteilung (dem Übergang von Natural- zu Geldwirtschaften, fortschreitender Arbeitsteilung, zunehmenden Handelsverflechtungen, Verstädterungsprozessen, dem sozialen Aufstieg des Bürgertums und der Herausbildung eines „dritten Standes") [...]." (Endreß 2018: 140)

Anhand folgender Punkte beschreibt Gugutzer die Sichtbarwerdung der Psychogenese des Zivilisationsprozesses am Körper. Erstens wurde nun, durch das entstandene Gewaltmonopol jeder zur Selbstbeherrschung gezwungen. Neben einem friedlicheren Zusammenleben bedeutete dies aber auch eine Unterdrückung der Gefühle und Triebe, was eine gewisse Frustration zur Folge haben konnte. Diese entstandene „Selbstkontrolle der Affekte und Triebe" sind immer „weniger explizit von außen auferlegte Fremdzwänge [...], sondern zunehmend sind es Selbstzwänge, welche dies übernehmen" (Gugutzer 2015: 59). Alle Gesellschaftsklassen durchdringend, verbreitete sich diese Selbstbeherrschung sehr schnell, aber nicht aus Furcht vor Strafen, sondern aus Angst:

> „Die Angst vor dem Verlust oder auch nur vor der Minderung des gesellschaftlichen Prestiges ist einer der stärksten Motoren zur Umwandlung von Fremdzwängen in Selbstzwänge."

(Elias 1976)

Des Weiteren, so Gugutzer, kam es zu einer Rationalisierung des Körpers. Man überlegt und überdenkt sein Verhalten länger und handelt nicht mehr so spontan.

> „Auch das ist eine ambivalente Angelegenheit: Einerseits wird das Leben durch diese Rationalisierung womöglich gesünder, sicherer etc., andererseits wird es dadurch vielleicht aber auch ereignis- und erlebnisärmer."

(Gugutzer 2015: 60)

Als Charakteristikum der Zivilisierung kann die Verschiebung der Scham- und Peinlichkeitsschwelle gesehen werden. Den Menschen waren und sind bestimmte körperliche Merkmale und „Äußerungen" schneller peinlich als zu Zeiten davor. Dies zog eine Trennung von privatem und öffentlichem Verhalten nach sich. Es entstand eine Privatsphäre, in die all die Handlungen verlagert wurden, die sich nun in der Öffentlichkeit nicht mehr ziemten. (vgl. Gugutzer 2015: 61) Mit der Zeit wurden diese Verhaltensweisen zur Norm in allen gesellschaftlichen Schichten. Während dieser Wandel früher von den oberen Klassen in Richtung der unteren verlief, ist in den letzten Jahren zu beobachten, dass bestimmte Körperpraktiken, die früher typisch für die unteren sozialen Schichten waren, nun in die Oberschicht eindringen (z. B. Tätowierungen und körperbetonte Sportarten). Die Aufhebung der Unterschiede zwischen den gesellschaftlichen Schichten, führte parallel zu dem Bedürfnis einer Individualisierung des Körpers. (vgl. Gugutzer 2015: 61)

> „Gerade weil sich die sozialen Unterschiede zwischen den Gruppen einebnen, trachten die Menschen danach, ihre Individualität auf andere Weise körperlich-symbolisch darzustellen."

(Gugutzer 2015: 62)

3.3.2 Institutionelle Körperdisziplinierung und Macht-Wissen-Komplex von Michel Foucault

Michel Foucault war ein französischer Soziologe. Im Vergleich zu Elias „stehen für Foucault die auf den menschlichen Körper einwirkenden politischen und juristischen Instrumentarien im Zentrum." (Gugutzer 2015: 64) Außerdem legt er dar, dass „Macht und Disziplin nicht nur Mechanismen der Körperunterdrückung sind, sondern zugleich auch positive und produktive Effekte haben (können)." (Gugutzer 2015: 64)

Mit Foucaults Disziplinierungstheorie wird deutlich, wie strukturelle Voraussetzungen sich in den Körper der Menschen eingraben und sie verändern. „Foucault zeigt, dass die zentrale Zielscheibe disziplinierender Machttechnologien der menschliche Körper ist." (Gugutzer 2015: 63) Die Darstellung des Macht-Wissen-Komplexes ist ein diskurstheoretischer Ansatz, hier geht es um die gesellschaftliche „Produktion des Körpers in und durch Diskurse." (Gugutzer 2015: 77)

Foucault veranschaulicht seine Disziplinierungstheorie im historischen Verlauf. Im Laufe der Zeit änderten sich die gesetzlichen Strafbedingungen. Im 17. Jahrhundert fand die Verhandlung über einen mutmaßlichen Straftäter ohne diesen und unter Ausschluss der Öffentlichkeit statt. Um diese Art der Wahrheitsfindung und die spätere Strafe zu legitimieren, war ein Geständnis sehr wichtig. Um an jenes zu gelangen, war jedes Mittel recht, Folter war eine gebräuchliche Art und Weise. (vgl. Hubrich 2013: 19)

> „Der Körper dient in diesem Machtritual gleichwohl nicht nur als Zielobjekt der Untersuchung, aus welchem man das Geständnis erzwingen will, sondern er wird auch von der Folterpraxis als Ort eines Zweikampfes bzw. eines Kräfteverhältnisses zwischen dem Gemarterten und der Souveränität vereinnahmt."

(Hubrich 2013: 19)

Gestand der Angeklagte unter der Folter die Tat, wurde er öffentlich bestraft. Diese Art des Strafens war „ein juristisch legitimierter Racheakt, mit dem [...] die Macht, nicht die Gerechtigkeit, wiederhergestellt wurde." (Gugutzer 2015: 65) Hubrich drückt dies ähnlich aus:

> „Die Verknüpfung dieser beiden rituellen Machttechniken, Folter und vereidigtes Geständnis, erfährt nach Abschluss der Urteilsverkündung im öffentlichen Zeremoniell der Vollstreckung ihre Fortsetzung, sodass Foucault den Körper auch dort als Ort der Materialisierung der souveränen Macht konzipieren kann."

(Hubrich 2013: 20)

Im weiteren Verlauf, änderte sich diese Art der Bestrafung, dabei war nicht die humanitäre Seite ausschlaggebend, sondern es ging um die „Optimierung der Ökonomie und Wirksamkeit der Strafen. Nicht Rache am Täter, sondern die Verwandlung des Täters in ein nützliches Glied bzw. Werkzeug der Gesellschaft durch Erziehung wird zum Ziel des Strafens." (Endreß 2018: 260) Um dieses Ziel zu erreichen, war ein Kontrollsystem notwendig. Das Panopitkum stellt eine Idealform solch eines Systems dar. Es ist eine „architektonische Einrichtung, die es ermöglicht, alle Eingeschlossenen von einem zentralen Wachtposten aus zu beobachten, ohne dass die Person auf diesem Posten selbst gesehen werden kann." (Gugutzer 2015: 66) Die Folge dieser Art der Überwachung ist, dass die Gefangenen, die nicht genau wissen, wann und ob sie beobachtet werden, von sich aus die Regeln beachten und sich diszipliniert verhalten. Es erfolgt sozusagen, wie auch schon Elias festgestellt hat eine Wandlung von der Fremdkontrolle zur Selbstkontrolle. Die Auswirkungen auf den Körper erläutert Gugutzer folgendermaßen:

> „Der gesellschaftsweite Erfolg der Disziplin liegt genau darin, dass sie durch die Machtausübung Nützliches hervorbringt: In der Fabrik wird körperliche Arbeit in viele einzelne Handgriffe zerlegt, in der Schule der Körper ruhig gestellt, im Sport einzelne Körperteile einem präzisen und kalkuliertem Training unterzogen etc., und in all diesen Fällen ist damit ein produktives Ergebnis verknüpft: ökonomische, pädagogische, sportliche Effizienz und Effektivität. Diese positive Wirkung der Disziplinartechniken hat entscheidend damit zu tun, dass sich die Wirkungen der hierbei ausgeübten Macht bis in die kleinsten Bereiche des Körpers erstrecken."

(Gugutzer 2015: 68)

Bis in die heutige Gesellschaft funktioniert dieses System über drei Punkte, die immer wieder ablaufen: Erstens die hierarchische Überwachung, hiermit sind alle möglichen Formen gemeint und sie finden sich in allen sozialen Institutionen, „wobei deren Bandbreite von technischen Überwachungsanlagen [...] bis hin zur face-to-face Kontrolle reichen kann." (Gugutzer 2015: 68) Zweitens die normierenden Sanktionen, die sich in unterschiedlichen Arten einstellen, sobald von der Norm abgewichen wird und Regeln missachtet werden. Damit ist nicht der unbedingte Gesetzesverstoß gemeint, sondern die Kontrolle und Sanktionierung untereinander. Der Arbeitgeber kontrolliert den Arbeitnehmer und die Arbeitnehmer sich untereinander. Und drittens die Prüfung. „Prüfungen wirken differenzierend und individualisierend, [...]." (Gugutzer 2015: 69) Manch einer besteht die Prüfung, ein anderer nicht. „Der disziplinierte Körper ist nicht nur der unterdrückte, beherrschte und normierte Körper, sondern auch der produktive, effektive und nützliche Körper." (Gugutzer 2015: 69)

Die nun folgende Erläuterung des Wissen-Macht-Komplexes zeigt, wie diese Disziplinierung auf die gesamte Gesellschaft übertragen wird. Wie anfangs bereits erwähnt, ist dies ein Ansatz, der sich mit der Genese von Körpern durch Diskurse befasst. Mit dem Begriff Diskurs ist in diesem Zusammenhang gemeint, „was in einer Gesellschaft oder Kultur zu einer bestimmten Zeit gesagt und gedacht wird [...]. Diskurse enthalten zeit- und kulturspezifische Denkschemata, Deutungsmuster, Kategorien, Ideen, Konzepte und Wissensformen, [...]" (Gugutzer 2015: 77). Der Inhalt dieser Diskurse wird durch die Äußerungen der Wissenschaft bedeutend beeinflusst bzw. sogar erst durch sie geschaffen. „Wissenschaftlich produziertes und in Diskursen transportiertes Wissen stellt bestimmte Phänomene allererst her, [...]" (Gugutzer 2015: 78). Durch diese Diskurse wird beispielsweise bestimmt, wie wir mit unserem Körper umgehen, ob wir gerade dünn oder dick als schön und gesund empfinden. Der Diskurs hat also direkte Auswirkungen auf den Körper, beeinflusst und verändert ihn damit. Daran wird deutlich, dass Diskurse „untrennbar mit Macht verknüpft" (Gugutzer 2015: 78) sind.

> „Diskurse definieren, was als wahr oder falsch, normal oder anormal, dazugehörig oder ausgrenzbar zu gelten hat, und damit üben sie Macht aus. Das Wissen, das Diskurse produzieren und distribuieren, zielt entsprechend nicht auf Wahrheit und Erkenntnis ab, sondern auf Macht. Wissen ist Macht. Beziehungsweise ist der Wille zum Wissen, der Foucault zufolge so charakteristisch für die moderne (Wissenschafts-)Gesellschaft ist, letztlich der Wille zur Macht."

> (Gugutzer 2015: 78)

Somit steht jedem offen, Macht auszuüben. In der Demokratie wird jedes Individuum in den Machtprozess aktiv einbezogen. Diese Macht ist dynamisch und zirkuliert, dadurch entstehen neue Wissensformen. (vgl. Reitz 2013) Ein gutes Beispiel, welches die praktische Wirksamkeit verdeutlicht ist die Änderung der Gesetzgebung zum Rauchverbot. Durch die Anhäufung von Wissen (Medizin, Krankenkassen usw.) und dessen Verbreitung, ist im Laufe der Jahre die Schädlichkeit des Rauchens den meisten Menschen bewusst geworden. Ein Gesetz wurde erlassen, demzufolge man in öffentlichen Gebäuden nicht mehr rauchen darf. Mit diesem Wissen um die Schädlichkeit geschieht aber noch mehr. Raucher, die trotz dieses Wissens weiterhin rauchen, übernehmen automatisch die Eigenverantwortung ihres Handelns und die Schuld an eventueller Erkrankung als

Folge dessen. Beobachtet durch andere Mitmenschen, handelt der Raucher entweder entgegen der Norm, oder aber sein Gewissen meldet sich und die Disziplinierung durch andere Menschen und sein eigenes Pflichtgefühl haben Erfolg und er lässt das Rauchen (in der Öffentlichkeit).

3.3.3 Habitustheorie von Pierre Bourdieu

Pierre Bourdieu (1930 -2002) vertritt ebenfalls, wie Elias und Foucault, die Meinung, dass der Körper durch die Gesellschaft geformt wird. Er spricht von „klassenspezifischen Körpern" (vgl. Gugutzer 2015: 70) die eine bestimmte Position im „sozialen Raum" (Krais & Gebauer 2017: 36) haben.

Die französische Bevölkerung der 1960er und 1970er Jahre stellt den Ursprung seiner Klassenanalyse dar. Die Auf- und Einteilung in die „herrschende Oberklasse (Großbürgertum), Mittelklasse (Kleinbürgertum) und untere Klasse (Arbeiter- und Bauernschaft)" (Gugutzer 2015: 70), erfolgt aufgrund der Verteilung von Kapital. Dabei unterscheidet er „primär drei Arten von Kapital [...]: ökonomisches (Geld, Eigentum), kulturelles (Wissen, Bildung, Titel) und soziales (Beziehungen, Netzwerke) Kapital." (Gugutzer 2015: 70) Auch der Körper ist für ihn eine Kapitalform, da mit dem Körper, z. B. durch Talente, Aussehen usw. soziales oder ökonomisches Kapital erzielt werden kann. Dieses Körperkapital hat mit den anderen Kapitalformen gemeinsam, dass der Wert erhöht werden kann. Durch eingebrachte Arbeit am Körper könnten die Chancen im Beruf, das soziale Ansehen und/oder das Selbstbewusstsein gesteigert werden. (vgl. Gugutzer 2015: 71) Für Bourdieu ist Kapital gleichbedeutend mit Macht. Auch ein Körper kann „selbstverständlich [...] als Machtmittel genutzt werden" (Gugutzer 2015: 72) Frauen, die den Männern oft körperlich unterlegen sind oder auch die Position, die Eltern gegenüber ihren Kindern haben sind Machtmittel/Machtverhältnisse. Anders als das ökonomische, ist das körperliche Kapital nicht übertragbar, es ist an die Person gebunden. Außerdem gibt es keine Garantie darauf, dass sich die investierte Arbeit in den Körper am Ende bezahlt macht. (vgl. Gugutzer 2015: 73)

Folgt man dieser Ansicht Bourdieus, steht fest, dass jedes Individuum ein anderes Kapitalvolumen und damit eine andere Position im sozialen Raum hat. Durch die Geburt in eine bestimmte Klasse, entwickelt sich ein entsprechender „klassenspezifischer" (Gugutzer 2015: 73) Habitus. „Der Habitus stellt [...] das Medium dar für eine systematische Relation zwischen bestimmten sozialstrukturellen Lebensbedingungen einerseits und bestimmten kollektiven wie individuellen Handlungen andererseits" (Gugutzer 2002: 111). „Die im Habitus eingelagerten Klassifikationen und Unterscheidungsprinzipien, Bewertungs- und Deutungsschemata schlagen sich nieder in den Praxen der Lebensführung; vermittelt über den Habitus [...]" (Krais & Gebauer 2017: 37) werden das Eigentum und beispielsweise die sozialen und kulturellen Unternehmungen zur Abgrenzung der jeweils darunterliegenden Klasse genutzt. „Die unterschiedlichen Praktiken, Besitztümer, Meinungsäußerungen erhalten ihren sozialen Sinn also dadurch, dass sie etwas anzeigen, soziale Unterschiede nämlich, die Zugehörigkeit zu der einen oder zu der anderen sozialen Gruppe oder Klasse." (Krais & Gebauer 2017: 37) Sie werden zur „symbolischen Macht" (Endreß 2018: 285).

Bourdieus Habitus-Theorie besagt, dass man, in eine soziale Klasse hineingeboren und diese Lebensweise von klein auf wie selbstverständlich annimmt und verinnerlicht. „Der Habitus ist nicht angeboren, er ist erworben, bildet sich von früher Kindheit an in der Auseinandersetzung mit der Welt, in der Interaktion mit anderen aus." (Krais & Gebauer 2017: 61) Er geht sozusagen in Fleisch und Blut über und äußert sich im „Geschmack". Je nach Klasse unterscheiden sich drei Geschmacksaneignungen: „der ‚Sinn für Distinktion' der herrschenden Klasse, der ‚prätentiöse' Geschmack der Mittelklasse sowie die ‚Entscheidung für das Notwendige' der unteren Klassen." (Endreß 2018: 290) Diese Geschmäcker manifestieren sich in den Verhaltensweisen, Norm- und Wertvorstellungen. Während dem Bourgeois eine gewisse Zwanglosigkeit zugeschrieben wird, unterstellt Bourieu den Kleinbürgern einen Mangel an Selbstbewusstsein und Unsicherheit, die mit Rechtschaffenheit und Disziplin ausgeglichen werden soll. Die untere Klasse lebt im Hier und Jetzt, muss dafür sorgen, dass heute etwas zum Essen auf den Tisch kommt, wobei die Qualität keine große Rolle spielt. (vgl. Krais & Gebauer 2017: 41ff)

4 Sport

> „Sport ist aus den Grundformen der Bewegung und den Phänomenen menschlichen Handelns entstanden. Grundformen der Bewegung sind beispielsweise das Laufen und Springen, das Hüpfen oder das Schwimmen. Als Phänomene menschlichen Handelns kann man beispielsweise das Kämpfen, das Spiel und die Jagd bezeichnen."
> (Mosebach 2017: 18)

4.1 Sportgeschichte

Mit diesem Abschnitt soll verdeutlicht werden, dass Bewegung und ein gewisser Körperkult schon sehr lange eine Rolle spielten. Abhängig vom sozialen Status kam es zu unterschiedlichen Ausführungen und lagen unterschiedliche Motivationen zugrunde. Ebenfalls von Bedeutung war, welchen Stellenwert der Körper in der jeweiligen gesellschaftlichen Gegenwart hatte. Ersichtlich wird, dass der Sport bereits teilweise instrumentalisiert wird und zur Distinktion diente.

> „Von Anfang an hing diese Einrichtung einer Sonderwelt körperlicher Übungen mit sozialen Machtverhältnissen zusammen: mit der symbolischen Ordnung der gesellschaftlichen Eliten, die in zweckfreier körperlicher Betätigung eine Distanz zur Welt der materiellen Zwecke zu demonstrieren suchte."

(Alkemeyer 1997: 369)

Es wird hier nur die europäische Entwicklung betrachtet. Betont werden muss auch, dass der Begriff „Sport" erst viel später in England entstanden ist, bezogen auf diese Zeit werden die Erläuterungen dann etwas genauer. Der Verlauf der Sportgeschichte davor ist sehr interessant, allerdings auch sehr umfangreich, er soll daher nur kurz und zusammenfassend beschrieben werden.

4.1.1 Von den Anfängen bis zur Renaissance

Im 8.-7. Jhd. v. u. Z. war die Körperkultur ein Vorrecht des Adels, es lassen sich erste Statusunterschiede belegen. Im 7. und 6. Jhd. v. u. Z. änderte sich die Lage. Die Philosophen und Gelehrten hatten ihren Aufschwung, deren Ziel war „... die Heranbildung des schönen (kalos) und edlen Bürgers (agathos). Im Griechischen nannte sich dieses Erziehungsziel kalokagathia." (Thomas Notz 2016: 34)

Die beiden griechischen Städten Sparta und Athen unterschieden sich deutlich in ihrer Motivation für die Leibesübungen. In Sparta stand die militärische Kraft und Geschicklichkeit an oberster Stelle. Der spartanische Erziehungsstil, den schon früh die Jungen und Mädchen zu spüren bekamen, „... war auf Härte, Entbehrung und körperliche Leistungsfähigkeit ausgerichtet." (Mosebach 2017: 30).

Athen hatte im 10./9. Jhd. v. u. Z. wirtschaftlich sehr gute Zeiten. Durch die Ausbeutung der Sklaven hatten die freien Athener Bürger mehr Zeit um sich um ihren Körper zu kümmern. Wissenschaft, Kultur und Sport, das waren ihre Freizeitbeschäftigungen. Die Priorität lag hier auf dem schönen Körper. (vgl. Mosebach 2017: 31)

Ebenfalls erwähnenswert sind die Olympischen Spiele, die ab 776 v. u. Z. alle vier Jahre ausgetragen wurden. Wobei bei den Wettkämpfen nur der Sieger geehrt wurde. Weder die Zweitplatzierung war interessant, noch spielten Zahlen und Werte eine Rolle.

Durch die kriegerischen Eroberungen der Römer, wurde die antike griechische Kultur verdrängt und brutale athletische Berufssportler übernahmen das Zepter des Körperkults. (vgl. Mosebach 2017: 50)

Mit den Römern kamen die Kämpfe. Die Spiele, die in der Öffentlichkeit ausgetragen wurden, waren an Brutalität kaum zu überbieten, die Gladiatorenkämpfe waren geboren. Diese Art der Unterhaltung hatte einen politischen Zweck. Unter der Devise „Brot und Spiele" boten die Herrscher während der Veranstaltungen Lebensmittelgaben, um die Bürger von der allgemeinen Unzufriedenheit aufgrund politischer Missverhältnisse abzulenken. (vgl. Mosebach 2017: 62)

Im Mittelalter bestand die Bevölkerung zum größten Teil aus Bauern, die keine Zeit und Energie für Leibesübungen hatten. Nur die Feudalherren und Ritter übten sich in der Kampfkunst, wobei die geistige Entwicklung nicht gefördert wurde. (vgl. Mosebach 2017: 92f) Im Laufe des 12. und 13. Jhd. verbreiteten sich die Turniere. Hier konnten sich die Ritter in ihrer Kampffertigkeit messen. In der Entwicklung des Sports, spielen diese Art Turniere eine wichtige Rolle. Durch Regelwerke und Waffenkontrollen, wird die rohe Gewalt langsam etwas zurückgedrängt und Fairness ist zu erkennen. In der Weiterentwicklung dieser Wettkämpfe lassen sich Bausteine des heutigen Sports und der Trainingslehre wiederfinden. Das Training, welches mit einem Trainer regelmäßig stattfand, führte durch Wiederholungen und Automatisierungen zur Ausbildung körperlicher Fähigkeiten. Es gab spezielles Technik- und Taktiktraining und die Ausrüstung wurde verbessert. (vgl. Mosebach 2017: 102).

In der Renaissance, vom 15. bis 16. Jhd., rückt der Körper bzw. dessen Gesunderhaltung wieder mehr in den Mittelpunkt. Die Turniere werden abgelöst durch

Duelle. Die Ritter perfektionierten ihre Kampfeskunst in Ritterakademien. Dank der Erfindung des Buchdrucks war es nun möglich, Wissen festzuhalten, zu sammeln und weiterzugeben. Es war das Zeitalter der Bildung. In den gebildeten Schichten, war das Wissen um die positive Sportwirkung auf die Gesundheit bekannt. Die Universitäten richteten eigene Fächer zur körperlichen Ertüchtigung ein, um die Studenten zu locken. (vgl. Mosebach 2017: 129)

Für die Bürger und Bauern gab es nun auch Bücher mit Bildern, z. B. das Fechtbuch von Dürer, in dem auch viele Verteidigungsmöglichkeiten ohne Waffen abgebildet waren. (vgl. Mosebach 2017: 134ff)

4.1.2 Die Entstehung des Sports in England

Durch die Entwicklung des Kapitalismus entstand in England die Grundlage zur Entwicklung des Sports, so, wie wir ihn heute kennen. Die Folgen des Kapitalismus für die Gesellschaft führten zu einer sozialen Aufteilung. Die Mittelschicht verschob sich nach oben und ließ ihre Kinder in elitären Bildungseinrichtungen auf den Lebenskampf, d. h. Männlichkeit, Selbstbehauptung und Unabhängigkeit, vorbereiten. Die Bauern befreiten sich aus ihrer Leibeigenschaft, sie wanderten vermehrt in die Städte ab, um am gesellschaftlichen Leben und dem Facettenreichtum der Stadt teilzuhaben. (vgl. Mosebach 2017: 150)

> „Im 18. Jahrhundert waren die British Sports ein Freizeitvergnügen der englischen Gentlemen bzw. der englischen Gentry, während die sogenannten games, d. h. die volkstümlichen Spiele, von den Landarbeitern und Handwerkern bei Festen und Kirchenweihen in ländlichen Gebieten gepflegt wurden"
>
> (Digel 2003: 59).

In der Industriegesellschaft entstand das gleiche Prinzip, welches auch im Sport gilt: Das Leisten und Honorieren dieser Leistung. Ebenfalls im Sport zu finden ist die deutliche Abgrenzung zwischen den Klassen und zwischen Männern und Frauen. Diese Schichtung war auch in den Sportarten zu erkennen, die sich sehr differenzierten. Während die Arbeiter vorzugsweise sehr körperliche Sportarten wie z. B. Boxen ausübten, nutzte die höhere Klasse den Sport als Statussymbol und verbrachte ihre Freizeit beim Segeln und Golfen. (Gugutzer 2015: 75f) So, wie es Bourdieu mit seiner Habitustheorie später beschrieben wird.

„Das Besondere des englischen Sports war der neue Sportsgeist." (Mosebach 2017: 152) Die Wettkämpfe wurden nach Regeln und mit Fairness ausgetragen. Die aufgestellten Rekorde wurden genauestens gemessen und festgehalten. Nur so war es möglich, die Ergebnisse vergleichen zu können. Dies war auch bald nötig, denn durch die britischen Kolonien und den verbesserten Informationsfluss durch Zeitungen und Bücher, breitete der Sport sich weiter aus.

4.1.3 Leibesübungen in Deutschland

Während in England die Industrialisierung die Wirtschaft und auch den Sport in Schwung brachte, war die gesellschaftliche und technologische Entwicklung in Deutschland noch nicht so weit. Hier begann die Zeit der Aufklärung, Kant mit seinem Aufruf zur Eigenverantwortung, war ein bekannter Vertreter. (vgl. Mosebach 2017: 175)

> „Es war die Möglichkeit, sich von der Körperfeindlichkeit der Kirche abzuwenden und seinen Verstand als mündiger Bürger zu gebrauchen. Die gesellschaftlichen Bedingungen, sich politisch zu emanzipieren, waren gegeben."

(Mosebach 2017: 175)

Jemand, der die Vorteile der Bewegung als Erziehungsressource erkannte war Jean-Jacques Rousseau. In seinem Hauptwerk „Èmile oder Über die Erziehung" propagiert er „die Notwendigkeit und zugleich die naturgemäße Erziehung." (Mosebach 2017: 177) Er befürwortet die Erziehung ohne Regeln und gesteht dem Kind die Möglichkeiten der Selbstentdeckung zu. Besonders wichtig ist ihm dabei die Leibeserziehung. „Das große Geheimnis der Erziehung ist, dass die Leibeserziehung und die geistige Arbeit sich zur gegenseitigen Entspannung dienen." (Rousseau 1998: 202)

Die Arbeiten Rousseaus fanden auch in Deutschland Befürworter, v. a. die Philanthropen, mit deren Hauptvertretern Basedow, GutsMuths und Salzmann griffen Rousseaus Arbeiten auf. Ihr Ziel war die „Veränderung in Bildung und Erziehung [...], um die Kinder zu nützlichen, patriotischen und glückseligen Bürgern zu erziehen." (Mosebach 2017: 179) Anfangs gingen die Grundsätze der Erziehung mit denen Rousseaus einher.

Mit der Weiterentwicklung der Wirtschaft nahm die Bedeutung von Effektivität und Effizienz der arbeitenden Menschen jedoch zu. „Diesem neuen Ansatz konnten sich auch die Philanthropen nicht entziehen, denn schließlich wurden ihre Schulen vom zahlungskräftigen Kleinadel und Bürgertum finanziert." (Mosebach 2017: 187) Der Erziehungsschwerpunkt wurde mehr und mehr darauf ausgerichtet, brauchbare und nützliche Mitbürger zu schaffen. „Mit einer Praxis der Disziplinen (im Sinne von Foucault 1976) wurde der reale Körper mit Hilfe von Kontrollen, [...],

Ritualisierung und Konditionierung neu erzeugt und maschinellen Prinzipien unterworfen:" (Alkemeyer 1997: 369)

Anders als Elias sah Friedrich Ludwig Jahn (Begründer der nationalen Turnbewegung) die körperliche Betätigung nicht als Zivilisierungsprozess, „sondern fest gebunden einmal an die nationale Wehrhaftigkeit, zum zweiten an ein Bildungsverständnis, dass den Körper generell als Ressource persönlicher und sozialer Entwicklung sah." (Michael Wendler 2015: 64) Die Turner und Studenten verbündeten sich und engagierten sich politisch. Sie wehrten sich gegen das Feudalsystem und die französische Fremdherrschaft. Dies zeigte sich auch in den Ausführungen ihrer Bewegungen. Auch wenn sie von ihren Körpern verlangten, dass sie funktionierten wie Maschinen, sollte es doch nach ungezwungenen Bewegungsabläufen aussehen, „weil die Aufführungen des Körpers auch über eine politische Signifikanz verfügten und der neuen liberalen Idee zum körpersprachlichen Ausdruck verhelfen sollten. (vgl. Alkemeyer 1997: 370) Mit der Entstehung des Nationalsozialismus wurden die „bürgerlichen Leibesübungen allerdings rasch den Prinzipien der militärischen Strammheit, der kollektiven Disziplin und der Gleichzeitigkeit der Bewegung unterworfen" (Alkemeyer 1997: 370), gefügige und ergebene Soldaten waren das Ziel.

Der moderne Sport kann u. a. mit Pierre de Coubertin in Verbindung gebracht werden. Ihm dienten die sportlichen Betätigungen dazu, „adäquat auf die durch Konkurrenz und raschen Wandel gekennzeichneten Existenzbedingungen des modernen industriellen Kapitalismus" vorzubereiten. (Alkemeyer, 1997, p. 370) „Seiner Ansicht nach entsprach die Ökonomie des Handelns im Sport genau jener, die die Männer auch im modernen sozialen und wirtschaftlichen Leben benötigen, um sich dort selbst zu behaupten. Damit wurde dem Sport die erzieherische Kraft zuerkannt und ... zum anderen galt er als wirklichkeitsgetreue Darstellung der gegebenen Sozialverhältnisse." (Alkemeyer 1997: 370)

4.2 Bedeutung und Funktionen des Sports in der Gesellschaft und für die Gesellschaft

Mit der Geschichte des Sports wird deutlich, wie unterschiedlich die Rollen, Bewertungen und Funktionen der körperlichen Bewegung, der Leibesübungen und des Sports sind. Der Sport ist eine weltweite Erscheinung und „wie in keinem anderen gesellschaftlichen Bereich ist dabei eine funktionale Differenzierung zu erkennen, die zu einem enormen Bedeutungszuwachs des Sports geführt hat" (Digel 2013: 23). Aufgrund dieser Differenzierung ist es fast unmöglich alle Bedeutungen und Funktionen des Sports aufzuzählen und zu erläutern. Es haben sich die unterschiedlichsten sportlichen Bereiche ausgebildet, die, jeder für sich, eine andere Bedeutung für die ausführenden Personen haben. Der Leistungs- und Vereinssport, der Freizeit- und Gesundheitssport, neue Trendsportarten, sie alle erfüllen eine bestimmte Funktion und sind auf ihre Weise begründet in persönlichen, gesellschaftlichen und wirtschaftlichen Ursachen. Denn Sport gilt heute nicht mehr nur der Gesundheit oder Freizeitgestaltung, sondern hat darüber hinaus eine sehr große ökonomische Bedeutung.

Im Folgenden wird die Wechselwirkung zwischen Sport und Gesellschaft näher erläutert und besonders der Aspekt der Macht bei dieser Wechselbeziehung verdeutlicht. In seinem Artikel „Sport als Mimesis von Gesellschaft: Zur Aufführung des Sozialen im symbolischen Raum des Sports" argumentiert Thomas Alkemeyer, „dass der Sport eine an die Medien der Körperlichkeit gebundene mimetische Aufführung grundlegender Figurationen, Handlungsmuster und Überzeugungen moderner Gesellschaften darstellt, die mit Machtaspekten verknüpft ist." (Alkemeyer 1997: 365) Dargestellt werden sollen die Verbindungen zwischen dem Sport als kulturellem Handlungsfeld und den gesellschaftlichen Verhältnissen, aus denen es entstammt und die es auf eigene Weise aufbereitet.

> „Sport, [...], stellt ein eigenständiges, sich in Abhängigkeit von sozialen, ökonomischen und technologischen Entwicklungen sowie von ihrem konkreten Gebrauch durch gesellschaftliche Subjekte und Gruppen aber auch veränderndes kulturelles Genre der Aufführung und praktischen Interpretation von außersportlichen sozialen Praxen und Realitäten dar, die – wie jede Deutung des Sozialen – mit Machtprozessen verknüpft ist und ihrerseits auf die umgebenden Wirklichkeiten zurückstrahlt."

(Alkemeyer 1997: 368f)

Diese Definition von Sport sagt aus, dass dieser ein autonomes Teilsystem ist, welches von seiner gesellschaftlichen und wirtschaftlichen Umgebung und den Individuen, die es (be-)nutzen, beeinflusst wird. Gleichzeitig jedoch, wirkt das Teilsystem Sport auch selbst wieder auf die Umgebung ein. Diese Erklärung spiegelt sehr schön die Interpretation des „analytisch-integrativen Rahmen" von Robert Gugutzer, der an späterer Stelle noch erläutert wird, wieder.

Alkemeyer benennt kurz prägnante geschichtliche Zeitpunkte, an denen sich „auffällige Entsprechungen zwischen der Geschichte, den Figurationen, der Struktur und den Prinzipien des Sports auf der einen und der modernen, von Produktivkräften beherrschten Alltagswelt auf der anderen Seite erkennen" (Alkemeyer 1997: 371) lassen. Diese Analogien entständen jedoch nicht durch einfache Nachahmung, so Alkemeyer weiter. Der Sport habe seine eigene „strukturelle Autonomie" (Alkemeyer 1997: 371) entwickelt. Bewegungen, die aus dem Alltag kommen (können), werden „typisiert, stilisiert" und „kodifiziert", damit werden sie zu einer „Art symbolischen Kodes" mit eigenem Regelwerk und seien mit Gesten vergleichbar, die einen „ausdrücklichen Zeigecharakter" haben (Alkemeyer 1997: 372). Die aufgenommenen Alltagsbewegungen werden aktiv gestaltet, reproduziert oder modifiziert, diesen Prozess nennt er Mimesis. Der Ablauf dieses Umgestaltens erfolgt nach Alkemeyer in mehreren Teilschritten: Aussondern, Neuordnen, Reduzieren von Komplexität und Idealisieren. Nur gewisse Aspekte der vorgängigen Realität würden ausgewählt und neu geordnet. Durch das Vereinfachen und Begrenzen entstehe eine verständlichere Variante der komplexen Wirklichkeit. Hinzu komme eine Verklärung der sozialen Gegebenheiten. Auf ideale Weise werde so das Leistungsprinzip im Sport dargestellt. Jeder bekomme das, was seiner Leistung entspräche. Es scheine, als hätten alle die gleiche Ausgangsposition. (vgl. Alkemeyer 1997: 374) „Die Aufführungen des Sports geben damit der bürgerlichen Moral des Verdienstes ein erfahrbares Bild.", konstatiert Alkemeyer (Alkemeyer 1997: 374) Es komme zu einer perfekten Verinnerlichung des Leistungsprinzips für alle Beteiligten. Alle starteten am gleichen Ausgangspunkt, was wie eine Gleichstellung der Chancen zu Beginn des Wettstreits aussähe. Dieser vermeintlichen Gleichheit widerspricht Alkemeyer jedoch. (vgl. Alkemeyer 1997: 374)

> „Aber der Gleichheitsgrundsatz im Sport ist lediglich formal, er abstrahiert von der faktischen Ungleichheit der Athleten, von ihren unterschiedlichen körperlichen, geistigen und materiellen Voraussetzungen, vor allem von der Ungleichheit ihrer Möglichkeiten, dieselben technologischen Hilfsmittel der Wettkampfvorbereitung in Anspruch zu nehmen: Die formale Chancengleichheit am Start verdeckt ihre reale Ungleichheit."

(Alkemeyer 1997: 374)

Durch das Vereinfachen, Idealisieren, ja fast Zensieren der ursprünglichen sozialen Realität, entsteht ein imaginäres perfekt wirkendes Bild der Existenzbedingungen. Es ist aber nicht einfach eine Darstellung, „vielmehr können sie praktische Konsequenzen haben und gestaltend auf das Dargestellte zurückwirken" (Alkemeyer 1997: 375). Die Aufführungen des Sports wirken natürlich und durch die anschauliche Darbietung kommen sie direkt auf der emotionalen Ebene an. Das Gesehene hat den Anschein, als hätte es eine „universelle Gültigkeit" (Alkemeyer 1997: 376) und wirkt entsprechend auf die Aufnehmenden ein. Dies verdeutlicht, wie machtvoll der gesamte Prozess ist. „Zwar erwecken die Aufführungen des Sports den

Anschein, sie seien vollkommen selbstbezüglich, zweckfrei, kultur- und klassen-
neutral" (Alkemeyer 1997: 376), allerdings wirkt die verharmlosende Darbietung
auch als Verschleierung der sozialen Wirklichkeit.

Zusätzlich zur eben dargestellten Reduzierung bzw. Idealisierung der sozialen Realität finden sich im Handlungsfeld Sport darüber hinaus auch Anzeichen von
Macht. Zum einen werden sie ersichtlich in der Vereinheitlichung eines vorher viel-
fältigen Feldes an Bewegungskulturen in einen genormten, messbaren und ver-
gleichbaren Sektor. So wurden traditionelle Bewegungsrituale verdrängt und her-
abgesetzt, bis sie schließlich ganz der Modernisierung zum Opfer fielen. Damit ist
es dem Sport gelungen, eine „partikulare Weltsicht gehobener gesellschaftlicher
Gruppen der westlichen Industrienationen" (Alkemeyer 1997: 377) als absolut
darzustellen.

> „Die Globalisierung des Sports, die den Siegeszug der westlichen Zivilisation zur
> Grundlage hatte, begleitete und absicherte, war mithin Ausdruck eines politischen,
> wirtschaftlichen und kulturellen Machtgefälles zwischen den Mächten des Zentrums
> und denen der Peripherie. Sie lässt sich als Machtmittel zur Entfaltung einer kulturel-
> len Hegemonie des westlichen Zivilisationsmodells über andere Zivilisationsmodelle
> begreifen."

(Alkemeyer 1997: 377)

Zum anderen wird in der westlichen Welt der Körper als der von der Natur gege-
bene Teil gesehen, der Geist wird gesellschaftlich bestimmt und beeinflusst, so die
Annahmen. Leistungsunterschiede der Sportler werden somit den natürlichen
(körperlichen) Unterschieden zugeschrieben. Vergessen oder auch bewusst verdrängt wird dabei, dass diese Unterschiede durch sozial-kulturelle Einflüsse verur-
sacht werden, dass sich also „Kultur und Gesellschaft den Körpern tief einschreiben
und eine unauflösliche Verbindung zwischen sozialer Umwelt, Körperbild, Körper-
gebrauch, körperlicher Leistungsfähigkeit, Bewegungsstil und ähnlichem besteht"
(Alkemeyer 1997: 378). Bourdieu beschreibt dies in seiner Habitustheorie.

Den Teilnehmern am Sport bietet sich die Chance auf eine eindringliche körperliche Erfahrung und unmittelbares Handeln. Wie Elias bereits feststellte, kommt es
durch die gesteigerte Trieb- und Affektkontrolle in der zivilisierten Gesellschaft zu
einer gewissen Erlebnis- und Ereignisarmut. (vgl. Gugutzer 2015: 60) Durch die
enorme Weiterentwicklung der Kommunikationsmedien findet außerdem der direkte face-to-face Austausch immer seltener statt. Sport bietet eine Möglichkeit des
direkten körperlichen Kontakts. Die Darbietungen des Sports sind nicht nur eine

Nachahmung der sozialen Praxis, „sondern [bilden] auch einen emotionalen Ge-
genbezirk zu ihr. Die darin kontrolliert, inszenierten Spannungszustände werden
gesucht, um den Zwängen, Routinen und habitualisierten Verhaltensmustern des
modernen Alltags zeitweilig zu entkommen" (Alkemeyer 1997: 380).

Der Körper, das bevorzugte Medium im Sport, dient der Kommunikation, dem Zeigen, Ausführen, Empfinden und Begreifen. Der Unterschied zum alltäglichen Kör-
pereinsatz ist der vorgegebene Rahmen im Sport. Weder im Alltag noch innerhalb
des Sportrahmens sind die Teilnehmer komplett ungebunden in ihrem Verhalten.
Geleitet durch das jeweilige Regelwerk der Sportart, entwickeln die Sportler durch
die „praktische Teilnahme" ein „implizites Handlungswissen". (Alkemeyer 1997:
382) Durch dieses Wissen oder anders ausgedrückt, durch das „im Körper veran-
kerte performative Wissen" (Alkemeyer 1997: 382) sind sie in der Lage, ohne gro-
ßes Nachdenken, automatisch und angemessen auf das Spielgeschehen zu reagie-
ren. Trotz vorgegebener Handlungs- und Bewegungsabläufe sind individuelle Mo-
difikationen möglich.

Begrenzungen liegen hier nicht nur im Bereich des strukturellen Rahmens, sondern auch im Akteur selbst, der an seinen Habitus gebunden ist. (vgl. Alkemeyer
1997: 382) Eine für diese Arbeit zentrale Feststellung Alkemeyers.

Damit wird die Darstellung des Sports von den sozio-kulturellen Voraussetzungen
dieses Akteurs beeinflusst. Genauso verhält es sich mit den Wirkungen auf die kon-
sumierenden Teilnehmer des Sports, wobei es auch hier von den „sozialen Konven-
tionen abhängt, auf welche Aspekte aus der unendlichen Vielfalt aller nur möglichen sich die Aufmerksamkeit überhaupt richtet und welche Bedeutung diesen As-
pekten zugeschrieben wird." (Alkemeyer 1997: 383)

Es können also dieselben sportlichen Aufführungen unterschiedliche emotionale
Reaktionen auslösen, je nach Publikum und dessen sozialer Schicht. Es bestehen
unterschiedliche Interpretationsmöglichkeiten der sportlichen Bewegungsabläufe
und Handlungsmuster. „Nicht allein die Produzenten erzeugen die Mitteilungen des
Sports, sondern auch die Rezipienten, die das Produkt wahrnehmen und bewerten,
indem sie alles in es hineintragen, woraus ihre Erfahrung individuell und kollektiv
besteht." (Alkemeyer 1997: 384) Damit kann festgestellt werden, dass nicht nur die
Umsetzung der sportlichen Bewegung, wie oben bereits gesagt, von der sozio - kulturellen Prägung abhängt, sondern auch ihr Eindruck und ihre Lesart. Für die einen
kann er Gleichheit bedeuten, für die anderen verdeutlicht er gerade die Ver-

schiedenartigkeit, manche sehen in ihm die Verbundenheit, für andere ist es reiner Kampf. (vgl. Alkemeyer 1997: 384)

Durch die mediale Darstellung sportlicher Ereignisse erfolgt eine weitere Modulation der Aussage und der symbolischen Wirkung des Sports. Mithilfe einer „spezifischen Terminologie, bestimmter Darstellungstechniken sowie visualisierender, apparativer und semiotechnischer Anordnungen" wird eine eigene „Medienwirklichkeit des Sports" erzeugt. (Alkemeyer 1997: 385). Damit verfügen die Medien über eine Definitions- und Deutungsmacht der Aufführungen und können dem Dargestellten noch zusätzlichen Sinngehalt, wie z. B. Schönheit, Gesundheit und Leistungsfähigkeit einschreiben, welcher wiederum die Adressaten beeinflusst. Wirtschaftlich interessant ist der Sport, wenn er über Emotionalität, dem Schaffen von Träumen und Phantasien eine große Masse der Konsumgesellschaft anspricht. „Das Interesse richtet sich primär auf das Sensationelle und Auffällige, auf die herausragende, schier übermenschliche Leistung." (Alkemeyer 1997: 387) Die auf diese Weise erzeugten Bilder bilden den Mediendiskurs des Sports, was auch bedeutet, dass sie in gewisser Weise beeinflussbar sind. (vgl. Alkemeyer 1997: 387)

4.3 Wirkungen des Sports auf den Körper

Regelmäßige Bewegung, wie sie von der Bundeszentrale für gesundheitliche Aufklärung empfohlen wird, hat positive Auswirkungen auf den gesamten Körper. Die nachfolgend genannten Kernziele des Gesundheitssports geben darüber einen umfassenden Überblick. „Diese Kernziele bilden im Weitern den Rahmen für hochstrukturierte, zielgruppenbezogene Interventionsmaßnahmen" (Klaus Bös 2006: 21), die sehr gut innerhalb der Sozialen Arbeit genutzt werden können.

4.3.1 Stärkung physischer Ressourcen

Eine Kräftigung des Körpers, bei der Ausdauer, Dehn-, Koordinations- und Entspannungsfähigkeit trainiert werden, können zahlreiche positive Effekte verzeichnen. Durch eine regelmäßige Aktivierung des Muskel- und Herz-Kreislauf-Systems können körperliche Anstrengungen leichter bewältigt werden, außerdem bilden sie einen wichtigen Ausgleich gegenüber sitzenden und einseitig belastenden berufliche Tätigkeiten. Der Kraftzuwachs und die bessere Körperkontrolle bilden eine gute Verletzungsprophylaxe. Um physische und psychische Verspannungen lösen zu können, sind Entspannungstechniken von großer Bedeutung. (vgl. Klaus Bös 2006: 21ff)

4.3.2 Prävention von Risikofaktoren

Allein der Bewegungsmangel stellt einen Risikofaktor dar, der weitere negativer Reaktionen des Körpers nach sich zieht. Werden die physischen Ressourcen gestärkt, kann dies eine gute Vorsorge sein, gegen Diabetes, Bluthochdruck oder anderen Zivilisationskrankheiten sein. (vgl. Klaus Bös: 23f) Das Thema Prävention wird im Kapitel Soziale Arbeit noch einmal speziell bearbeitet.

4.3.3 Stärkung psychosozialer Ressourcen

Mit psychosozialen Ressourcen sind Potentiale gemeint, „durch die einerseits das subjektive Gefühl des Wohlbefindens entsteht und verstärkt wird und die andererseits helfen, Anforderungen unterschiedlicher Art besser zu bewältigen." (Klaus Bös 2006: 24) Stimmungsmanagement, Aneignung von Handlungs- und Effektwissen, positive Beeinflussung der Selbstwirksamkeit, ein bejahendes Selbstkonzept und der Umgang und Kontakt mit anderen Menschen unterstützen dieses Ziel. Insgesamt kann das zu einer positiver empfundenen Lebensqualität, dem besseren Umgang mit gesundheitlichen Problemen und zu einer bewegungs- und gesundheitsorientierten Ausrichtung oder Änderung des Verhaltens führen. (vgl. Klaus Bös 2006: 24ff) „Das Wissen um die eigene durch sportliche Aktivität erreichte Leistungsfähigkeit und das dadurch erworbene Bewusstsein von der eigenen Stärke und die Fähigkeit der Selbstkontrolle sind Zentralkomponenten der Selbstwirksamkeitsüberzeugung." (Lützenkirchen 2016: 25)

4.3.4 Bewältigung von Beschwerden und Missbefinden

Mit Bewältigung von Beschwerden und Missempfinden ist einmal eine direkte physische Lösungsorientierung, wie z. B. Muskelkräftigung bei Rückenbeschwerden. Zum anderen ist hierin auch die emotionale Bewältigung enthalten. Auch wenn nicht sofort eine Lösung für das körperliche Problem gefunden wird, kann ein bestimmter Umgang mit dem Problem positiver verlaufen. (vgl. Klaus Bös 2006: 26)

4.3.5 Bindung an gesundheitssportliches Verhalten

Da einmalige oder zu kurzfristige Trainingseinheiten nicht ausreichen, um dauerhaft die Chance auf eine Verbesserung eventueller Probleme zu haben oder einen präventiven Nutzen zu erzielen, ist es wichtig, sich langfristig ein gesundheits- und bewegungsorientiertes Verhalten anzueignen. (vgl. Klaus Bös 2006: 27)

4.3.6 Schaffung und Optimierung unterstützender Settings

Es ist wichtig die strukturellen Voraussetzungen für ein Gelingen der gesamten vorgenannten Punkte zu garantieren oder wenigstens zu begünstigen. (vgl. Klaus Büs 2006: 28) „Die Beeinflussung von allgemein gesundheitsforderlichen Faktoren (z. B. Partizipation, soziale Unterstützung, Selbstwertgefühl, Achtsamkeit) hat in der Regel einen größeren präventiven Effekt [...]." (Bundeszentrale, kein Datum)

5 Die Wechselbeziehungen von Körper und Sport, der analytisch – integrative Rahmen

Nachdem in den vorigen Kapiteln der Körper und der Sport ausführlich dargestellt wurden, findet in diesem Kapitel die Zusammenführung der beiden Themenbereiche statt. Der analytisch-integrative Rahmen wurde von Robert Gugutzer entworfen, um zum einen eine Art Ordnungsprinzip für die körpersoziologischen Zugänge und Studien zum Sport aufzuzeigen und zum anderen eine „körpersoziologische Theorie des Sports [...], die im Sinne einer Synthese zentraler Körperdimensionen und –theorien des Sports zu verstehen ist" (Robert Gugutzer 2017: 307), zu skizzieren.

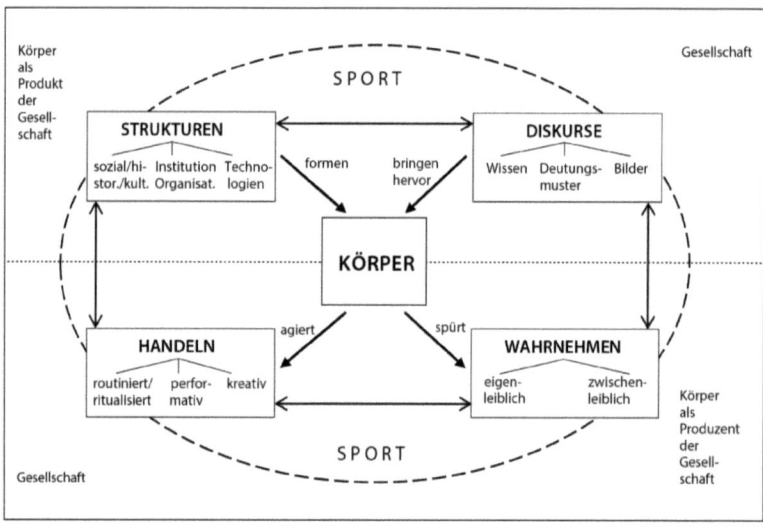

Abbildung 1: Analytisch-integrativer Rahmen für eine Körpersoziologie des Sports (Robert Gugutzer, 2017, p. 308)

Im Folgenden soll die oben dargestellte Systematik näher erläutert werden. Themen und Inhalte, die bereits in den vorherigen Kapiteln behandelt wurden, werden hier nur mit dem entsprechenden Hinweis erwähnt.

5.1 Verkörperte Strukturen des Sports

Die leitende Frage lautet: Wie werden die Körper der Akteure durch die Strukturen des Sports gebildet? Den Strukturen angehörend sind „sowohl historische, kulturelle und soziale Strukturen als auch die Institutionen, Organisationen und Technologien des Sports." (Robert Gugutzer 2017: 308)

Norbert Elias ist hier mit seiner Zivilisationstheorie ebenso zu nennen, wie Michel Foucaults mit seiner Disziplinierungstheorie und Pierre Bourdieu mit seiner Habitustheorie. Mit der Beeinflussung durch Dopingtechniken ist der technische Fortschritt ebenfalls als strukturelle Dimension zu sehen, durch den der Körper deutlich beeinflusst wird. (vgl. Robert Gugutzer 2017: 309) Diese Theorien und ihre Wirkung auf die Strukturen wurden bereits erläutert.

5.2 Körperdiskurse des Sports

Die Leitfrage der Diskursdimension ist: Wie werden die Körper der Sportakteure durch Diskurse geformt? Mit Diskursen sind „zeit- und kulturspezifische Denkschemata, Deutungsmuster, Kategorien, Ideen, Konzepte und Wissensformen" (Gugutzer 2015: 77) gemeint. Der inhaltliche Fokus liegt auf den Themen Geschlecht und Gesundheit, wobei Arbeiten von Judith Butler und Michel Foucault in den Mittelpunkt rücken. (vgl. Robert Gugutzer 2017: 310)

> „Anknüpfend an Foucault lassen sich zentrale Fragen einer diskurstheoretischen Analyse sportiver Körper wie folgt formulieren: ‚Welcher sozialen Gruppe oder Institution gelingt es auf welche Weise, eine bestimmte Vorstellung von [...] Körper und Sport durchzusetzen? Wem gelingt es wie und wodurch, ein bestimmtes Wissen oder Interpretationsmuster von Körper und Sport als normal, richtig, wünschenswert, als natürlich, gesund oder sportlich durchzusetzen? Wer besitzt die Deutungshoheit?"

> (Gugutzer 2011: 43)

Noch immer führen biologische Naturalisierungen zu Diskriminierung. Erst 2011 wurde das Skispringen der Frauen, durch das Internationale Olympische Komitee (IOC), in das Olympische Programm aufgenommen. (Rilke 2011: o.S.) Bis dahin wurde es Frauen, aus Sorge um ihre Gesundheit, verwehrt. „Es wird eine biologische Trennung vorgenommen, mit der eine soziale Trennung legitimiert wird, wobei die diskriminierende Norm der Männerkörper und die Normabweichung der Frauenkörper ist." (Gugutzer 2011: 47) Es ist wichtig diese Mechanismen zu erkennen und zu durchbrechen. Einen großen Einfluss auf die Vorstellung, was ein „normaler" Körper ist und was ihm entspricht, hat die mediale Berichterstattung. (vgl.

Robert Gugutzer 2017: 311) Durch die (Sozialen) Medien wird ein vermeintliches Idealbild des Körpers propagiert, dem kaum jemand auf Dauer standhalten kann und das die Menschen eher vom eigenen Körper(-gefühl) entfremdet.

5.3 Leibliches Wahrnehmen im Sport

Wird das sportliche Handeln durch das eigene und das Körperempfinden, welches zwischen den Akteuren auftritt, beeinflusst? Diese Frage stellt sich in der Wahrnehmungsdimension. Der thematische Schwerpunkt liegt dabei auf allen Eindrücken, die mit unseren fünf Sinnen aufgenommen werden können. „Was sieht, hört, riecht, spürt man im sportlichen Tun? Wie nimmt man Raum und Zeit, Rhythmus und Bewegung, Atmung und Berührung in der sportlichen Aktivität wahr?" (Robert Gugutzer 2017: 312) Theoretische Grundlagen finden sich bei Maurice Merleau-Ponty und Hermann Schmitz.

Beim Sich-spüren ist der Schmerz ein besonders interessantes Thema. Wie wir mit Schmerz umgehen ist sehr individuell. Für einige bedeutet Schmerz im Sport eine Grenze, die der Körper setzt und die beachtet wird. Für andere haben sie eine ganz andere Bedeutung, Nina Degele nennt es „schmerznormalisieren" (Degele 2006). Es beschreibt eine Art „Instrumentalisierung und Funktionalisierung für Leistungssteigerung, Ehre oder HeldInnenkonstruktionen" (Degele 2006: 158) Es sei eine gute Voraussetzung um dem Druck im Arbeitsleben standzuhalten. „Sportives Schmerznormalisieren bringt damit Identitätsimperative der Moderne auf den Punkt: weiter so, Augen zu und durch, und das alles als autonome Entscheidung." (Degele 2006: 158) Sie macht darauf aufmerksam, dass man dieses Phänomen nicht im mikrosoziologischen Raum belassen sollte, sondern es auch gut auf die Makroebene bringen kann:

> „[...]als Mittel der Gesellschaftsdiagnose, zur Diagnose der modernen Gesellschaft. Denn sportives Schmerznormalisieren kann man auch als mitunter laut artikulierten Ausspruch und Schrei nach kollektiven Bewältigung(sstrategien) deuten, die mehr sein sollen als das strategische Schmerzmanagement vereinzelter Ich-AGs."

(Degele 2006: 158)

5.4 Verkörpertes Handeln im Sport

Die zentrale Frage in der Handlungsdimension ist: Können die sozialen Prozesse im Sport bzw. die Strukturen des Sports durch das Handeln der Sportakteure beeinflusst werden? Wie kann der Körper als Instrument für soziales Handeln im

Sport dienen? Referenzautoren zu dieser Perspektive sind vor allem Ervin Goffman mit seiner Interaktionstheorie und Bourdieu mit seiner Praxistheorie, außerdem empfiehlt sich hier die Theorie des Pragmatismus. (vgl. Robert Gugutzer 2017: 313)

Beim routiniert-ritualisierten körperlichen Handeln im Sport geht es hauptsächlich um die Bildung der sozialen Ordnung, die in Goffmans Interaktionstheorie thematisiert wird, wobei der Körper als Kommunikationsmittel fungiert. Gugutzer nutzt ein Beispiel aus einer Studie von Roberta Sassatelli (Sassatelli 1999). „Im Sinne Goffmans wird dabei untersucht, wie im Medium körperlicher Handlungen die kontextspezifischen Normen und Regeln, Werte und Moralvorstellungen so erfüllt werden, dass die soziale Ordnung fortbesteht." (Robert Gugutzer 2017: 314) Als Beispiel dient das Verhalten im Fitness-Studio. Die Anwesenden wissen, dass man sich auf der Trainingsfläche oder während eines Kurses anders verhält und handelt, als beispielsweise in der Umkleidekabine. Zu erkennen ist dabei, dass das „körperliche Ausdrucksverhalten bestimmten, mehrheitlich impliziten" (Robert Gugutzer 2017: 314) Interaktionsregeln unterliegt.

Das kreative Handeln spielt (noch) eine sehr marginale Rolle in der Körpersoziologie des Sports.

> „Versteht man kreatives Handeln gemäß der pragmatischen Handlungstheorie von Hans Joas als problemlösendes Handeln, dann muss die Vernachlässigung der kreativen Dimension sportlichen Handelns überraschen, weist doch die Sportpraxis reihenweise problematische Situationen auf, die ad hoc, spontan, intuitiv eben kreativ gelöst werden müssen."

> (Robert Gugutzer 2017:. 315)

Gerade diese kreativen Handlungsweisen haben das Potenzial, auch für den Alltag nützliches Verhalten zu üben.

6 Sport und Soziale Arbeit

Bisher konnte aufgezeigt werden, dass der Körper ein wichtiges Element der Gesellschaft darstellt, diese produziert und von ihr produziert wird. Welche und vor allem, *dass* der Sport Wirkungen auf die Individuen und die Gesellschaft hat, wurde ebenfalls ausführlich erklärt.

6.1 Gegenstand und Aufgaben der Sozialen Arbeit

Um Sport als Handlungsfeld für die Soziale Arbeit legitimieren zu können, werden kurz der Gegenstand und die Aufgaben der Sozialen Arbeit genannt.

Staub-Bernasconi sagt, dass die Soziale Arbeit „eine gesellschaftliche Antwort auf soziale Probleme ist" (Ulrich Deller 2014: 152). Diese sind demnach Gegenstand der Sozialen Arbeit. Dieser Begriff ist sehr unspezifisch. Staub-Bernasconie definiert soziale Probleme: als einen „Zustand, mit dem ein nach Bedürfnisbefriedigung suchendes Individuum unzufrieden ist und dafür keine Problemlösung kennt, bzw. keinen Zugang zu problemlösungsangemessenen Ressourcen besitzt" (Ulrich Deller 2014: 152). Unterschieden werden Ausstattungsprobleme (Gesundheit, Handlungskompetenz, sozioökonomische Ausstattung), Austauschprobleme (körperlich, sozioökonomisch, Ebene des Wissens), Machtprobleme (körperliche Macht, sozioökonomische Macht, Artikulationsmacht) und Kriterien- und Werteprobleme (ungerechte soziale Regeln in Bezug auf: Ressourcenverteilung, Arbeitsteilung). (vgl. Ulrich Deller 2014: 152) Entstehen Dysbalancen in diesen Bereichen, wird es als Problem empfunden.

Die Aufgabe besteht nun darin, diese Probleme zu verringern oder im besten Fall zu lösen; im Idealfall sogar darin, den Klienten so ressourcenorientiert zu unterstützen, dass er diese und die zukünftigen Herausforderungen selber lösen kann im Sinne einer Hilfe zur Selbsthilfe. Dafür stehen der Sozialen Arbeit unterschiedliche Methoden zur Verfügung. Grundlage dieser Methoden sind Theorien, die die Handlungsweise wissenschaftlich stützen und begründen.

Die Arbeitsfelder gestalten sich inzwischen sehr vielseitig. Von der Kinder- und Jugendhilfe, über Gesundheits- und Suchtberatung, Alten- und Behindertenarbeit, Straßensozialarbeit bis hin zur Bewältigung von Migrations- und Integrationsproblemen. Aber auch internationale Sozial- und Entwicklungsarbeit gehören mittlerweile zum Aufgabenbereich. Innerhalb der Arbeitsfelder können Einzelfallhilfen, Gruppenhilfe, aber auch Gemeinwesenarbeit geleistet werden. Sieht man die umfangreiche Zahl der Arbeitsfelder, wird klar, dass die Soziale Arbeit aus vielen

Bezugswissenschaften, u. a. Psychologie, Soziologie, Recht, Medizin und Sozialpolitik, ihre Kenntnisse aufbaut. Manche sehen dies als Nachteil und meinen, es sei nichts Halbes und nichts Ganzes, aber man kann diesen breiten Bezugsrahmen im Gegenteil auch als „Alleinstellungsmerkmal" (Seithe 2012: 49) sehen.

> „Sozialarbeitende sind SpezialistInnen für den menschlichen Alltag in seiner Ganzheit, mit seinen Zusammenhängen und Vielschichtigkeiten, sie sind Professionelle, deren Professionalität sich eben genau darin zeigt, dass sie sich nicht auf Zuständigkeiten zurückziehen und auf ihr Spezialgebiet beschränken können."

> (Seithe 2012: 49f)

Die Soziale Arbeit ist eine „staatsvermittelte" (Spiegel 2013: 26) Profession. Welche Bevölkerungsgruppen welche Mittel bekommen, wird vom Staat festgelegt. Er vermittelt dann das Klientel an die Instanzen der Sozialen Arbeit. (vgl. Spiegel 2013: 26) Dies führt dazu, dass die Soziale Arbeit einem doppelten Mandat unterliegt. Das bedeutet, dass sie die „Funktion, die Gesetze, die zentralen Werte, Anforderungen und Normen, die Rollenbilder und den vom System erwünschten Habitus bei den Menschen durchsetzen" muss (Seithe 2012: 69). Auf der anderen Seite ist den Menschen, die „im Rahmen des gesellschaftlichen Systems Schaden genommen haben oder drohen, Schaden zu nehmen, Unterstützung zu leisten und für sie Partei zu ergreifen" (Seithe 2012: 69). Staub-Bernasconi erweitert das Doppelmandat auf ein Tripelmandat, indem sie die Menschenrechte dazu nimmt. Damit habe die Soziale Arbeit den Auftrag, auch die gesellschaftliche Machtproblematik zu identifizieren. (vgl. Lambers 2016)

Anhand der Arbeitsfelder der Sozialarbeitenden lässt sich die Aufgabenvielfalt umreißen, hier sollen einige wichtige Aufgaben zusammenfassend erwähnt werden. Die Menschen sollen auf die Arbeitswelt vorbereitet und abweichendes Verhalten soll verhindert werden, das Kindeswohl soll gesichert werden, Menschen, deren Integration in die Gesellschaft missglückt ist, sollen unterstützt werden und alle, die es benötigen, sollen zur Grundordnung und den Werten der Gesellschaft erzogen werden. (vgl. Seithe 2012: 72f)

6.2 Sport als Handlungsfeld der Sozialen Arbeit

6.2.1 Legitimation zur Hilfe

Wie bereits festgestellt, ist Gesellschaft immer ein dynamischer Prozess, bei dem es zu Anpassungsschwierigkeiten bei den Mitgliedern der Gesellschaft kommen kann. „Soziale Probleme gelten als nicht vermeidbare Folgeerscheinungen gesellschaftlicher Entwicklungen und werden als solche im Rahmen der Sozialpolitik, der Rechtssetzung, der öffentlichen wie privaten Organisationen/Institutionen – d. h. durch den Einsatz öffentlicher Gelder – bearbeitet." (Boeckh, et al. 2017: 199)

Im November 1986 gab es in Ottawa die erste Internationale Konferenz zur Gesundheitsförderung. „Oberstes Ziel [...] ist, auf allen gesellschaftlichen Ebenen einen Prozess anzustoßen, der allen Menschen ein höheres Maß an Selbstbestimmung über ihre Gesundheit ermöglicht und sie dadurch zur Stärkung ihrer Gesundheit befähigt." (Franzkowiak 2006: 17) 1997 wurde diese Bestimmung von der WHO in der Jakarta-Erklärung erweitert.

> „Die Ottawa-Charta benennt drei wichtige Aktionsstrategien (Anwaltschaft für Gesundheit, Befähigen und Ermöglichen, Vermitteln und Vernetzen) und fünf Kern-Handlungsfelder (persönliche Kompetenzen entwickeln, gesundheitsbezogene Gemeinschaftsaktionen unterstützen, Gesundheitsdienste und Institutionen neu orientieren, gesundheitsfördernde Lebenswelten schaffen, eine nachhaltige gesundheitsfördernde Gesamtpolitik entwickeln). Zwischen den Handlungsbereichen soll ein dynamischer Verstärkereffekt entstehen. Zusammen bilden sie den Mehrebenenansatz der Gesundheitsförderung."

> (Franzkowiak 2006:. 19)

Gesundheitsförderung ist eng mit dem Konzept der Salutogenese verbunden und bedeutet so viel wie Gesunderhaltung. Dabei stehen die Ressourcen, die zur Erhaltung der Gesundheit beitragen im Mittelpunkt. Prävention wird unterteilt in Primär-, Sekundär- und Tertiärprävention. Die Primärprävention dient der Verhinderung einer Erkrankung überhaupt. Bei der Sekundärprävention richtet sich der Fokus auf das Verhindern bzw. Aufhalten der früh erkannten Krankheitssymptome. Ist die Erkrankung bereits manifest, geht es in Tertiärprävention darum, weitere Komplikationen zu vermeiden. (Lützenkirchen 2016: 32)

Folgt die Sozialpolitik dem demokratisch-emanzipatorischen Modell, kann auch Primärprävention zum Einsatz kommen. „[...] sozialpolitische Leistungen [müssen] frühzeitig in dem Sinne einsetzen, dass benachteiligte Lebenslagen generell minimiert werden und Förderungen nicht so früh wie möglich, sondern dann angeboten werden, wenn benachteiligungsbedingte Entwicklungsdefizite und Entfaltungshemmnisse absehbar sind." (Boeckh, et al. 2017: 136) Die Ziele dabei sind auf der gesellschaftlichen Ebene, dass alle Menschen analoge Möglichkeiten erhalten, und auf der individuellen Ebene sollten die Klienten zur Selbsthilfe befähigt werden. (vgl. Boeckh, et al. 2017: 137) Primärprävention erfordert zunächst einen höheren finanziellen Einsatz, der letztendlich aber Kosten spart, da die Menschen weniger erkranken und am gesellschaftlichen Leben voll teilhaben können.

6.2.2 Zielgruppe

Sportliche Angebote bzw. Bewegungsangebote sind nicht neu in der Sozialen Arbeit. Es gibt zum einen die Psychomotorik. Deren Ziele - die Erlangung einer Ich-Kompetenz, einer Sach-Kompetenz und einer Sozial-Kompetenz – sind ganzheitlich angelegt. Der Mensch wird angeregt, „sich handelnd seine Umwelt zu erschließen, um seinen Bedürfnissen entsprechend auf sie einwirken zu können" (Fischer 2009). Leider zielen entsprechende Angebote hauptsächlich auf Kinder. Gerade psychomotorische Angebote sind beispielsweise in Kindertagesstätten schon weit verbreitet. Wie z. B. Kinder in Bewegung des Landessportbundes Berlin, der Psychomotorik als roten Faden in all seinen Kitas umsetzt. (Kinder in Bewegung, kein Datum) Für Erwachsene gibt es sie nur in Kliniken, Kuren oder als Privatleistung in einigen wenigen Physiotherapien. Die Erlebnispädagogik hat sich ebenfalls in der Kinder- und Jugendhilfe der Sozialen Arbeit etabliert. Sie ist auch eine handlungsorientierte Methode, bei der durch Teamerfahrungen und Abenteuer in der Natur, die soziale Kompetenz der Teilnehmenden gefördert wird. (Aventerra 2018)

Somit besteht für Kinder und Jugendliche bereits ein gutes Angebot an Sport und Bewegung, und dass über die akute Klientel der Sozialen Arbeit hinaus. Aber was ist mit der großen Zielgruppe der Erwachsenen? Die Erwachsenen sind zunehmend dem Druck der neoliberalen Entwicklung ausgesetzt und müssen die Unsicherheit der prekären Arbeitsverhältnisse täglich aushalten. Ein geregeltes Familienleben, in dem Kraft schöpfen und sich erholen kann, ist durch die geforderte Flexibilität kaum möglich. Selbst hier ist nochmals Organisationstalent gefragt, um einen strukturierten Ablauf zu gewährleisten. Die Gefahr, den Arbeitsplatz zu verlieren und kein ausreichendes Einkommen zu haben, bedroht dann bei den meisten Familien sogar das schützende Dach über dem Kopf. Ihr Selbstbewusstsein leidet unter diesen Verhältnissen. Das Risiko, diesem Druck auf Dauer physisch und psychisch nicht mehr standzuhalten ist groß. Noch sind die meisten von ihnen keine Adressaten der Sozialen Arbeit und sollen es nach Möglichkeit auch nicht werden.

Doch es gibt eine andere Gruppe von Erwachsenen, die vielleicht bereits Klienten der Sozialen Arbeit sind. Wie die oben genannten Zahlen des Robert Koch Instituts belegen, leiden Menschen mit niedrigem sozioökonomischen Status bereits sehr häufig unter gesundheitlichen Beeinträchtigungen, die sie daran hindern, am sozialen und kulturellen Leben teilzuhaben, wieder in den Arbeitsprozess wieder integriert zu werden. Die Gründe dafür sind vielfältig. Neben mangelnder Aufklärung und unzureichender Bildung, kommen auch die Folgen der sozialen Ausgrenzung dazu. Depressionen und körperliche Beschwerden verstärken die Exklusion. Sie fühlen sich minderwertig und den Erwartungen der Gesellschaft nicht gewachsen.

6.2.3 Möglicher Lösungsansatz

Viele der teuren Integrationsmaßnahmen zeigten nur mäßigen Erfolg. (vgl. Boeckh, et al. 2017: 134) Ein Grund dafür könnte sein, dass die Menschen noch nicht in der Lage sind, diese Art Hilfe anzunehmen: „Um Ressourcen von außen nutzen zu können, benötigen Menschen interne Ressourcen, wie z. B. Wissen, Intelligenz, soziale Kompetenz, körperliche Fitness, [...] sowie Persönlichkeitseigenschaften (Extraversion, Offenheit, Verträglichkeit, Gewissen, Kontrolliertheit, emotionale Intelligenz, hohes Selbstwertgefühl, [...] und Selbstwirksamkeitserwartung)." (Haas 2015: 236) Es muss ihnen erst wieder bewusstgemacht werden, mit ihrem Körper zu arbeiten, ihn zu spüren und zu fühlen, was alles in ihm steckt. Dazu sollte der gesundheitliche Status erhöht werden, denn wenn Stress längere Zeit auf den Körper einwirkt, bleibt das nicht ohne Konsequenzen. (Harald Gündel 2014) Um diesen Teufelskreis zu durchbrechen sollte sich bei der Hilfe dieser Menschen auf deren Körper konzentriert werden. „Eine Fokussierung auf den Körper als Ressource bedeutet, dass im gesamten Körper Prozesse beim Denken und Fühlen geschehen. In der Umkehrung ist es möglich, durch die Veränderung der körperlichen Befindlichkeit Einfluss auf kognitive und emotionale Prozesse zu nehmen." (Haas 2015: 237) Damit ist dann vielleicht der Grundstein für weitere Maßnahmen gelegt. Es geht dabei „weniger um Erziehung zum Sport als vielmehr um Teilhabe durch Sport" (Lützenkirchen 2016: 52).

6.2.4 Sozialarbeiter und nicht der Trainer

In der Begriffserklärung der Bewegung wurden bereits die unterschiedlichen Bedeutungen erwähnt. Pilz unterscheidet dies in ähnlicher Weise für Sport. Er nennt drei Dimensionen des Sports. Die naturale Dimension, womit das reine Bewegungshandeln gemeint ist, die personale Dimension, mit der die persönliche Entwicklung beschrieben wird, und die soziale Dimension, die durch menschliche Kontakte, z.b. Zusammenspiel, aber auch Kooperation und Konkurrenz, gekennzeichnet ist. (Gunter A. Pilz 2002) „Bildungsrelevante und sozialintegrative Potentiale des Sports können nur durch qualitätsvolle Praxisformen und Vermittlungsweisen erreicht werden, sonst können sogar gegenteilige Folgen als Ergebnis der Arbeit mit dem Medium Sport zu beklagen sein!" (Michels 2007: o.S.) Zu große Leistungs- und Siegorientierung kann negative Auswirkungen auf allen drei Dimensionen zum Vorschein bringen. Egoismus und unfaires Verhalten bis hin zu Gewalt und Doping können Folgen sein.

Es sollte nicht den privaten Anbietern überlassen werden. Denn wie die statistischen Werte zeigen, sind es gerade die Zielgruppen der Sozialen Arbeit, die Hilfe und Unterstützung zu diesem Thema benötigen und nicht in der Lage sind, die bereitgestellten Angebote zu nutzen. Außerdem besteht die Gefahr, dass die hegemonialen Körperbilder und Denkmuster zu sehr reproduziert werden. Daher ist es dringend geraten, dass ein*e Sozialarbeiter*in gezielte und niedrigschwellige Angebote für die Klienten*innen der Sozialen Arbeit mit ihnen gemeinsam erarbeitet. Es geht dabei weniger um Sport im Sinne eines Wettbewerbs oder Wettkampfes, sondern um Sport im Sinne von Selbstertüchtigung und Selbstwirksamkeitserfahrung. Besser als ein*e Trainer*in kennt der/die Sozialarbeiter*in das gesamte persönliche Umfeld seiner Klienten*innen und verfügt über ein breites Wissen aus sehr unterschiedlichen Disziplinen (vgl. dazu die entsprechenden Ausführungen oben). Indem er mit den Klienten*innen partizipativ individuelle und auf ihre Lebenssituation abgestimmte Sportangebote erstellt, lässt er sie erste Erfahrungen von Selbstwirksamkeit machen. Das praktische Durchführen von sportlichen Aktivitäten beschert den Klienten*innen über einen kontinuierlichen Zeitraum die Möglichkeit, ihren Körper wieder zu spüren, ihn vielleicht überhaupt erst einmal kennenzulernen. Mittel- und langfristig finden sie durch diese körperliche Ertüchtigung wieder einen Weg zur Teilnahme am gesellschaftlichen Leben.

7 Fazit

Ziel der Arbeit war, die gesellschaftspolitische Notwendigkeit herauszuarbeiten, um Aspekte von Sport als neues Handlungsfeld der Sozialen Arbeit zu legitimieren. Dazu wurde die Gesellschaft als solche und deren Zusammenhang mit Politik und Wirtschaft dargestellt. Festgestellt werden konnte, dass die Wirtschaft mit ihrer neoliberalen Ausrichtung immer mehr an Macht gewinnt und die gesellschaftlichen Bedingungen erheblich beeinflusst. Wie Gerhard Willke betonte, ist ein Mensch in guter (körperlicher) Verfassung nötig (Willke 2003: 28), um den liberalen Ansprüchen zu entsprechen.

Dass aber gerade die körperliche Verfassung unter den Anforderungen der neoliberalen Marktwirtschaft zunehmend leidet, wird schnell vergessen oder auch bewusst negiert. Sichtbar wird dieses Leiden an den oben präsentierten Zahlen des Robert-Koch-Instituts. Die Zahlen belegen, dass vor allem die sozial Benachteiligten unter diesen Bedingungen noch weiter ins gesellschaftliche Aus geraten. Des Weiteren besteht die Gefahr, dass auch Andere dem bestehenden Druck langfristig nicht standhalten werden. Dazu gehören sowohl die, die in einem prekären Arbeitsverhältnis stehen, als auch die, die einen sehr verantwortungsvollen Posten besetzen oder auch diejenigen die selbständig arbeiten. Die anfangs demonstrierten Stellenanzeigen verdeutlichen, wie die Mitarbeiter von heute sein sollten. Verantwortungsbewusst, belastbar, leistungsstark, flexibel und zwar möglichst dauerhaft. Dass Erkrankungen wie Depression und Burn-out immer weiter verbreitet sind, kann dabei nicht verwundern.

Ein weiterer Aspekt, der zu Überforderung und Druck führt, ist der herrschende Körperdiskurs. Wer nicht schön ist, keinen Sport macht und sich nicht gesund ernährt, hat es sehr schwer, soziale Anerkennung zu bekommen. Die sozialen Medien regieren und lenken die bestimmenden Bilder vom Körper. Gerade die Jugendlichen werden davon geleitet. Aber auch die Erwachsenen können sich diesem Einfluss der Medien nicht widersetzen, da dieses Körperimage auch die Bereiche Arbeit, Kultur und soziales Leben beeinflusst (vgl. hierfür die oben zitierten Stellenanzeigen mit den sich wiederholenden Schlagwörtern „leistungsstark", „flexibel" und „belastbar").

Feststellbar ist, dass all diese strukturellen Bedingungen den Körper beeinflussen. Aufgezeigt wurde aber auch, dass der Körper die Strukturen ändern kann, wie in der Erläuterung zur Körpertheorie im Kapitel drei zu sehen war. Es wurde anhand von Norbert Elias' Theorie gezeigt, dass Menschen bereit sind, ihr körperliches

Verhalten anzupassen und zu kontrollieren, um einen gewissen sozialen Status zu erlangen. Ebenfalls wurde unter Bezugnahme auf Elias' Theorie dargestellt, dass Fremd- zu Selbstzwängen umgewandelt werden. Die äußerliche körperliche Erscheinung wird quasi durch eigenen internalisierten Zwang erzeugt, um in den Sozialen Medien (z. B. bei Facebook oder Instagram) positive Bewertungen zu bekommen.

Dieser Aspekt der körperlichen Kontrolle (allerdings nicht nur durch sich selbst, sondern auch durch äußere Instanzen) taucht in Michel Foucaults Theorie auf. Seine Disziplinierungstheorie spiegelt sehr gut die Entstehung der Leistungsgesellschaft wieder. Gerade dieses Gefühl des Beobachtetwerdens von außen erzeugt Druck. Wenn ein*e Arbeitskollege*in etwas schafft, muss es für den/die andere*n auch zu schaffen sein! Wer dem nicht entspricht und schafft, was gerade „in" ist oder was andere augenscheinlich alles zu leisten in der Lage sind, wird ausgegrenzt. Schwäche zu zeigen oder auch Fehler zu machen, ist fehl am Platz. Gesellschaftliche und politische Normen können so ohne extra bezahlte Kontrollinstanzen umgesetzt werden. Natürlich hat auch dieses Phänomen eine positive Seite. Die körperlichen Reaktionen, speziell das Verhalten, werden auch bei dieser Art der Kontrolle überdacht und angepasst. Konflikte werden nun weniger gewalttätig gelöst, was die körperliche Sicherheit in der Gesellschaft deutlich erhöht hat.

Foucault macht weiterhin darauf aufmerksam, dass mit Macht, die jedem Einzelnen ebenfalls zur Verfügung steht, Strukturen geändert werden können. Er stellt die positive Wirkung von Macht durch Wissen dar. Seine Theorie zeigt, wie wichtig Bildung ist. Dies sollte in den sozialpolitischen Entscheidungen Priorität haben. Um Wissen aufzunehmen und Freude am Lernen zu haben, müssen die körperlichen Bedarfe gedeckt sein. Wenn die Menschen sich sorgen machen um ihre Zukunft oder gesundheitlich benachteiligt sind, haben sie keine freien Ressourcen, sich um ihre Bildung zu kümmern.

Die letzte wichtige Theorie, die hier aufgezeigt wurde, ist die Habitus-Theorie von Pierre Bourdieu. Er kam in seinen Untersuchungen zu dem Ergebnis, dass das Umfeld, in das ein Mensch hineingeboren wird, seinen Körper, sein Verhalten und sein Denken und Empfinden prägt, Bourdieu bezeichnet dies als Habitus. Mit Bourdieus Erkenntnissen lässt sich erklären, warum die heute vorherrschende neoliberale Parole, dass jeder alles erreichen kann, wenn er nur fleißig und diszipliniert ist, falsch ist. Wer in ein benachteiligtes Milieu hineingeboren wird, übernimmt den jeweiligen Habitus und reproduziert damit die soziale Ungleichheit. Es ist also nicht für jeden im gleichen Maße einfach und nicht alle haben die gleichen Chancen.

Auf das Thema der Arbeit bezogen, ist es schwer für Menschen, die nie einen gesunden Lebensstil kennengelernt haben, diesen als solchen für sich zu erkennen und zu erstreben. Mehr noch, aus Eigenschutz entwickeln sie Strategien, um gerade das, was sie bräuchten zu disqualifizieren (ins Fitness-Studio zu gehen, wird dann beispielsweise als versnobt angesehen).

Die in der Arbeit aufgegriffenen Theorien zeigen sehr anschaulich, welche Bedeutung der Körper für die Gesellschaft hat und umgekehrt, wie die Gesellschaft auf den Körper des Einzelnen unbewusst und implizit einwirkt. Außerdem konnte gezeigt werden, wie stark das neoliberale Mantra des „Jeder ist seines Glückes Schmied" mittlerweile den gesellschaftlichen Diskurs beherrscht – dass aber genau dieses Mantra grundlegend falsch ist und die gesellschaftlichen Missstände verschleiert (Bourdieu).

Im anschließenden Kapitel zur Sportgeschichte, wird deutlich, dass der Körper und der Sport schon sehr lange eine große Rolle innerhalb der Gesellschaft spielten. Der Körper galt in manch früheren Zeiten bereits als Image- und Statussymbol, denn nur wer Zeit hatte, konnte sich sportlich betätigen - und Zeit hatte nur, wer ausreichend Geld hatte. Manchmal wurde der Sport instrumentalisiert und dazu genutzt, um von gesellschaftlichen und wirtschaftlichen Missständen abzulenken oder auch um gehorsame und körperlich fitte Soldaten hervorzubringen (vgl. die Ausführungen zum Nationalsozialismus).

Für die Bedeutung und Funktion des Sports in der Gesellschaft wurde ein sehr theoretischer Zugang gewählt. Mit Alkemeyers Überlegungen werden der Zusammenhang und die Wechselbeziehungen zwischen Sport, Körper und Gesellschaft sehr deutlich. Die Bedeutung des soziokulturellen Einflusses, der eine Chancengleichheit aller Teilnehmer verhindert, der Einfluss der Medien, aber auch die Möglichkeiten, die noch in der Bewegung und im Sport für die Gesellschaft und im speziellen für die Soziale Arbeit liegen, werden hier erläutert. Denn die Wirkungen des Sports, wie sie im darauffolgenden Kapitel gezeigt werden, stellen für die Soziale Arbeit eine bisher noch unzureichend genutzte Ressource dar.

Der im vorletzten Kapitel präsentierte analytisch-integrative Rahmen von Robert Gugutzer führt die vorgängigen Kapitel zusammen und rundet sie ab. Der Körper steht dabei im Mittelpunkt, umgeben einerseits von den Dimensionen, die ihn beeinflussen und formen und andererseits von denen, die er verändern und spüren kann. Der Körper tritt als Produzent und Produkt der Gesellschaft auf. Der Sport verbindet die einzelnen Dimensionen und tritt in Wechselwirkung mit ihnen und damit auch mit dem Körper.

Sport als eigenes Handlungsfeld der Sozialen Arbeit wird im letzten Kapitel dargestellt. Die anfangs herausgearbeitete Problemstellung konnte als Gegenstand der Sozialen Arbeit identifiziert werden. Dass Aspekte von Sport sehr gut geeignet sind, um diese Problemlage zu bearbeiten, konnte ebenfalls begründet werden. Es liegt in diesem Feld Potenzial brach, dass dazu geeignet ist, vielen Menschen zu mehr Gesundheit, Teilhabe und damit Lebensqualität zu verhelfen. Rechtzeitig und richtig angewendet, spart diese Investition den Staat langfristig sogar Geld.

Es soll außerdem noch einmal verdeutlicht werden, dass das Leistungsprinzip an sich nicht negativ ist. Es gibt durchaus Ausgangslagen, die geeignet sind, um über einen gewissen Leistungsanspruch und eine Ausrichtung auf ein Ziel eine positive Veränderung zu bewirken. Aufmerksamkeit verdient sicher auch die Position der Sozialen Arbeit. Mit einem doppelten Mandat betraut, ist es eine Herausforderung, die Adressaten nicht nur zu folgsamen und arbeitswilligen Menschen zu machen. Es soll ihnen mit Hilfe entsprechender niedrigschwelliger Angebote durch Soziale Arbeiter*innen partizipativ ermöglicht werden, ihren Körper bewusster wahrzunehmen und über Erfahrungen von Selbstwirksamkeit und Selbstvertrauen ihren eigenen Weg zu finden. Augenmerk wurde darüber hinaus auf die breite Gruppe der Arbeitnehmer gelegt. Es geht nicht darum, diese fit zu halten, damit sie den an sie gestellten Arbeitsanforderungen gewachsen bleiben. Es ist in diesem Zusammenhang vielmehr wichtig, politisch aktiv zu werden und auf diese Missstände und Zusammenhänge aufmerksam zu machen.

Literaturverzeichnis

Alkemeyer, T., 1997. Sport als Mimesis von Gesellschaft: Zur Aufführung des Sozialen im symbolischen Raum des Sports.. *Zeitschrift für Semiotik,* 19(4), pp. 365-395.

Alkemeyer, T., 2004. Bewegung und Gesellschaft. Zur Verkörperung des Sozialen und zur Formung des Selbst in Sport und populärer Kultur.. In: G. Klein, Hrsg. *Bewegung. Sozial- und kulturwissenschaftliche Konzepte..* Bielefeld: Transcript, pp. 43-78.

Bayern, G. i., 2018. *Jobware.* [Online] Available at: https://www.jobware.de/Job/Fachkraft-fuer-Metalltechnik-Industriemechaniker-m-w-d.258652385.html [Zugriff am 11 November 2018].

Birgit Schäfer-Biermann, A. W. M. V. V. P., 2016. Gesellschaft. In: B. S. W. V. Pott, Hrsg. *Foucaults Heterotopien als Forschungsinstrument. Eine Anwendung am Beispiel Kleingarten..* Wiesbaden: Springer Fachmedien, pp. 89-98.

Boeckh, J., Huster, E.-U., Benz, B. & Schütte, J. D., 2017. *Sozialpolitik in Deutschland. Eine systematische Einführung..* 4., grundlegende überarbeitete und erweiterte Auflage Hrsg. Wiesbaden: Springer Fachmedien GmbH.

Bosch, G. R., 2018. *jobware.* [Online] Available at: https://www.job-ware.de/Job/Leitungssekretaer-in.266858305.html [Zugriff am 11 November 2018].

Bundesamt, S., 2018. *Destatis.* [Online] Available at: https://www.destatis.de/DE/ZahlenFakten/GesellschaftStaat/Gesundheit/GesundheitszustandRelevantesVerhalten/Aktuell.html [Zugriff am 17 Oktober 2018].

Bundesministerium, f. A. u. S., 2012. *Sozialbericht 2017.* [Online] Available at: https://www.bmas.de/SharedDocs/Downloads/DE/PDF-Publikationen/a-101-17-sozialbericht-2017.pdf?__blob=publicationFile&v=2 [Zugriff am 12 November 2018].

Bundeszentrale, f. g. A., kein Datum *Prävention und Gesundheitsförderung.* Meckenheim: Warlich.

Bundeszentrale, f. p. B., 2018. Bundeszentrale für politische Bildung. [Online] Available at: http://www.bpb.de/nachschlagen/lexika/lexikon-der-wirtschaft/20482/rationalisierung [Zugriff am 2 November 2018].

Butterwege, C., Lösch, B. & Ptak, R., 2008. *Kritik des Neoliberalismus.* 1. Auflage Hrsg. Wiesbaden: Springer Fachmedien GmbH.

Degele, N., 2006. Sportives Schmerznormalisieren. Zur Begegnung von Körper und Sportsoziologie.. In: R. Gugutzer, Hrsg. *body turn. Perspektiven der Soziologie des Körpers und des Sports..* Bielefeld: transcript Verlag, pp. 141-161.

Diehn, M., 2017. *Erfolg ist kein Glück.* [Kunst] (Das Maschine GmbH).

Digel, H., 2003. *Hochleistungssport in Großbritanien & Nordirland.* Weilheim/Teck: Bräuer GmbH.

Digel, H., 2013. *Sportentwicklung in der Moderne.* 1. Auflage Hrsg. Schorndorf: Hofmann Verlag.

Drechsler, H., Hilligen, W. & Neumann, F., 2003. *Gesellschaft und Staat. Lexikon der Politik..* 10., neubearbeitete und erweiterte Auflage Hrsg. München: Franz Vahlen Verlag.

e.V., A., 2018. Aventerra. [Online] Available at: https://www.aventerra.de/definition-erlebnispaedagogik-bei-aventerra [Zugriff am 12 November 2018].

Elias, N., 1976. *Über den Prozess der Zivilisation. Soziogenetische und psychogenetische Untersuchungen..* Frankfurt/Main: Suhrkamp.

Elias, N., 2014. *Was ist Soziologie?.* 12. Auflage Hrsg. Weinheim: Juventa Verlag.

Endreß, M., 2018. *Soziologische Theorien kompakt.* 3., vollständig überarbeitete und erweiterte Auflage Hrsg. Berlin/Boston: Walter de Gruyter GmbH.

Fürsorge, D. V. f. ö. u. p., 2007. *Fachlexikon der sozialen Arbeit.* 6. Auflage Hrsg. Baden-Baden: Nomos Verlagsgesellschaft.

Fischer, K., 2009. *Einführung in die Psychomotorik..* 3., überarbeitete und erweiterte Auflage Hrsg. München, Basel: Ernst Reinhardt Verlag.

Franzkowiak, P., 2006. Präventive Soziale Arbeit im Gesundheitswesen. 1. Auflage Hrsg. München, Basel: Ernst Reinhardt Verlag.

Galuske, M., 2002. *Flexible Sozialpädagigik. Elemente einer Theorie Sozialer Arbeit in der modernen Arbeitsgesellschaft..* 1. Auflage Hrsg. Weinheim: Beltz Juventa.

gGmbH, K. i. B., kein Datum *KiB Kinder in Bewegung.* [Online] Available at: www.kib-online.org [Zugriff am 17 November 2018].

Gugutzer, R., 2002. *Leib, Körper und Identität.* 1. Auflage Hrsg. Wiesbaden: Springer Fachmedien Verlag.

Gugutzer, R., 2006. *body turn. Perspektiven der Soziologie des Körpers und des Sports..* 1. Auflage Hrsg. Bielefeld: transcript Verlag.

Gugutzer, R., 2011. Körperpolitiken im Sport. Zur sportiven Verschränkung von Körper, Geschlecht und Macht.. In: J. N. Daniela Schaaf, Hrsg. *Die Sexualisierung des Sport in den Medien..* Köln: Halem, pp. 34-56.

Gugutzer, R., 2015. *Soziologie des Körpers.* 5., vollständig überarbeitete Auflage Hrsg. Bielefeld: transcript Verlag.

Gunter A. Pilz, H. B., 2002. *Wahrnehmen-Bewegen-Verändern. Beiträge zur Theorie und Praxis sport-, körper- und bewegungsbezogener sozialer Arbeit..* 1. Auflage Hrsg. Hannover: Blumhardt Verlag.

Haas, R., 2015. Der Leib in Bewegung als Ressource im Erwachsenenalter - eine psychomotorische Betrachtung.. In: E. H. Michael Wendler, Hrsg. *Der Körper als Ressource in der Sozialen Arbeit..* Wiesbaden: Springer Fachmedien, pp. 233-251.

Harald Gündel, J. G. P. A., 2014. Macht Arbeitslosigkeit krank?. In: *Arbeiten und gesund bleiben..* Wiesbaden: Springer Fachmedien, pp. 13-25.

Haubl, R., 2017. Die Angst in der Moderne - das Gefühl persönlich zu versagen oder sogar nutzlos zu sein.. In: K. B. Stefan Busse, Hrsg. *Modernes Leben - Leben in der Moderne.* Wiesbaden: Springer Fachmedien GmbH, pp. 83-100.

Hubrich, M., 2013. Der Körper als Effekt von Macht und Wissen. In: M. Hubrich, Hrsg. *Körperbegriff und Körperpraxis. Perspektiven für die soziologische Theorie..* Wiesbaden: Springer Fachmedien, pp. 16-40.

KG, s. G. &. C., 2018. *stellenanzeigen.* [Online] Available at: https://www.stellen-anzeigen.de/job/2521783/?ergebnisid=cefd17b5cb9d3793&subkatego-rie=277X [Zugriff am 11 November 2018].

Klaus Bös, W. B., 2006. *Handbuch Gesundheitssport.* 2., vollständig neu bearbeitete Auflage Hrsg. Schorndorf: Hofmann Verlag.

Klein, G., 2008. Körper- und Bewegungspraktiken im Sport der Moderne. In: R. G. Kurt Weis, Hrsg. *Handbuch Sportsoziologie.* Münster: Hofmann Verlag, pp. 257-265.

Krais, B. & Gebauer, G., 2017. *Habitus.* 7., unveränderte Auflage Hrsg. Bielefeld: transcript Verlag.

Krossa, A. S., 2018. *Gesellschaft. Betrachtungen eines Kernbegriffs der Soziologie..* 1. Auflage Hrsg. Wiesbaden: Springer Fachmedien GmbH.

Lützenkirchen, A., 2016. *Soziale Arbeit und Bewegung. Theorie und Praxis bewegungs-, sport- und körperbezogener Intervention..* 1. Auflage Hrsg. Lage: Jacobs Verlag.

Lambers, H., 2016. *Theorien der Sozialen Arbeit. Ein Kompendium und Vergleich..* 3. Auflage Hrsg. Opladen u. Toronto: Budrich Verlag.

Markser, V. Z. & Bär, K.-J., 2015. *Sport- und Bewegungstherapie bei seelischen Erkrankungen. Forschungsstand und Praxisempfehlungen.* 1. Auflage Hrsg. Stuttgart: Schattauer GmbH.

Martin Pätzold, V. T., 2018. *Reichtum ohne Grenzen? Die soziale Marktwirtschaft im 21. Jahrhundert..* 1. Auflage Hrsg. Wiesbaden: Springer Fachmedien GmbH.

Michael Wendler, E.-U. H., 2015. Der Körper zwischen Instrumentalisierung und Selbstbestimmung - Leitbilder im 19. und 20. Jahrhundert.. In: E. Huster, Hrsg. *Der Körper als Ressource der Sozialen Arbeit. Grundlegungen zur Selbstwirksamkeitserfahrung. und Persönlichkeitsbildung.* Wiesbaden: Springer Fachmedien Verlag, pp. 61-80.

Michels, H., 2007. Hauptsache Sport. *Sozial Extra,* Issue 9/10, pp. 13-16.

Mosebach, U., 2017. *Sportgeschichte. Von den Anfängen bis in die moderne Zeit..* 1. Auflage Hrsg. Aachen: Meyer & Meyer Verlag.

Plessner, H., 1975. *Die Stufen des Organischen und der Mensch.* 1. Auflage Hrsg. Berlin/New York: de gruyter.

Reitz, M., 2013. *br mediathek.* [Online] Available at: https://www.br.de/mediathek/podcast/radiowissen/michel-foucault-was-macht-macht/32781 [Zugriff am 2 Mai 2018].

Rilke, L., 2011. *Spiegel Online*. [Online] Available at:
http://www.spiegel.de/sport/wintersport/skispringen-der-frauen-
ladies-flight-a-798169.html [Zugriff am 26 10 2018].

Rising Media, L., 2018. allfacebook.de. [Online] Available at: https://allface-
book.de/zahlen_fakten/offiziell-facebook-nutzerzahlen-deutschland
[Zugriff am 11 November 2018].

RKI, R. K. I., 2015. *Gesundheit in Deutschland. Gesundheitsberichterstattung des
Bundes.*. [Online] Available at:
https://www.destatis.de/DE/Publikationen/Thematisch/Gesundheit/Ges
undheitszustand/GesundheitInDeutschlandPublikation.pdf?_blob=public
ationFile [Zugriff am 11 November 2018].

Robert Gugutzer, G. K. M. M., 2017. Sport. In: M. Meuser, Hrsg. *Handbuch
Körpersoziologie. Forschungsfelder und methodische Zugänge*. Wiesbaden:
Springer Fachmedien, pp. 303-317.

Rousseau, J.-J., 1998. *Èmile oder Über die Erziehung*. 13. unveränderte Auflage
Hrsg. Paderborn: Schönigh.

Sassatelli, R., 1999. Interaction Order and Beyond: A Field Analysis of Body
Culture within Fitness Gyms.. In: S. Publications, Hrsg. *Body & Society*.
London: SAGE Publications, pp. 227-248.

Schimank, U., 2013. *Gesellschaft*. 1. Auflage Hrsg. Bielefeld: transcript Verlag.

Seithe, M., 2012. *Schwarzbuch Soziale Arbeit*. 2., durchgesehene und erweiterte
Auflage Hrsg. Wiesbaden: Springer Fachmedien GmbH.

Spetsmann-Kunkel, M., 2016. *Soziale Arbeit und Neoliberalismus*. 1. Auflage
Hrsg. Baden-Baden: Nomos Verlagsgesellschaft.

Spiegel, H. v., 2013. *Methodisches Handeln in der Sozialen Arbeit. Grundlagen
und Arbeitshilfen für die Praxis.*. 5., vollständig überarbeitete Auflage Hrsg.
München, Basel: Ernst Reinhardt Verlag.

Tanja Thomas, T. M., 2015. Körper. In: F. K. S. L. J. W. Andreas Hepp, Hrsg.
Handbuch Cultural Studies und Medienanalyse. Wiesbaden: Springer
Fachmedien, pp. 285-295.

Thomas Notz, D. F. E. J. W. M., 2016. *Ein Lauf durch die Zeit. Sportgeschichte -
eine Einführung.*. 1. Auflage Hrsg. Bern: hep Verlag.

Ulrich Deller, R. B., 2014. *Soziale Arbeit. Grundlagen für Theorie und Praxis.*. 1. Auflage Hrsg. Opladen und Toronto: Budrich Verlag.

Weißer, U., 2017. *Erfolgsmodell Soziale Marktwirtschaft. Das System, die Akteure und ihre Interessen verstehen.*. 1. Auflage Hrsg. Wiesbaden: Springer Fachmedien GmbH.

Willems, H., 2008. Lehr(er)buch Soziologie. *Für die pädagogischen und soziologischen Studiengänge. Band 1.* 1. Auflage Hrsg. Wiesbaden: VS Verlag für Sozialwissenschaften.

Willke, G., 2003. *Neoliberalismus.* 1. Auflage Hrsg. Frankfurt/Main: Campus Verlag.

Workers, I. F. o. S., kein Datum Deutscher Berufsverband für Soziale Arbeit e.V.. [Online] Available at: https://www.dbsh.de/profession/definition-der-sozialen-arbeit/deutsche-fassung.html [Zugriff am 10 11 2018].

Zimmer, R., 2014. *Handbuch Bewegungserziehung. Grundlagen für Ausbildung und pädagogische Praxis.*. 1. Ausgabe der überarbeiteten und erweiterten Neuausgabe Hrsg. Freiburg: Herder Verlag.

Abbildungsverzeichnis